"十四五"职业教育国家规划教材

"十三五"职业教育国家规划教材

实电战商 教育部中等职业教育专业技能课立项教材

职业教育
实战型
电子商务系列教材

网店运营

（第二版）

主　编　庄标英

副主编　曹凯英

参　编　钟建珍　刘　琨　邓洁莹

 PPT课件　　 课程标准　　 微课视频　　 电子教案　　 习题资源

中国人民大学出版社

·北京·

图书在版编目（CIP）数据

网店运营/庄标英主编. --2 版. --北京：中国
人民大学出版社，2024.2
职业教育实战型电子商务系列教材
ISBN 978-7-300-31855-4

Ⅰ.①网… Ⅱ.①庄… Ⅲ.①网店－运营管理－职业
教育－教材 Ⅳ.①F713.365.2

中国国家版本馆 CIP 数据核字（2023）第 122293 号

"十四五"职业教育国家规划教材
"十三五"职业教育国家规划教材
教育部中等职业教育专业技能课立项教材
职业教育实战型电子商务系列教材

网店运营（第二版）

主　编　庄标英
副主编　曹凯英
参　编　钟建珍　刘　琨　邓洁莹
Wangdian Yunying

出版发行	中国人民大学出版社		
社　　址	北京中关村大街 31 号	邮政编码	100080
电　　话	010－62511242（总编室）		010－62511770（质管部）
	010－82501766（邮购部）		010－62514148（门市部）
	010－62515195（发行公司）		010－62515275（盗版举报）
网　　址	http://www.crup.com.cn		
经　　销	新华书店		
印　　刷	北京七色印务有限公司	版　次	2018 年 8 月第 1 版
			2024 年 2 月第 2 版
开　　本	787 mm×1092 mm　1/16		
印　　张	17.75	印　次	2025 年 1 月第 3 次印刷
字　　数	425 000	定　价	49.00 元

LiVE | 前 言

本教材以习近平新时代中国特色社会主义思想为指导，全面贯彻落实党的二十大精神和习近平总书记关于职业教育的重要指示，根据全国职业教育大会和全国教材工作会议及《国家职业教育改革实施方案》《职业教育提质培优行动计划（2020—2023年）》要求，紧跟行业与专业进一步向数字化、智能化方向发展的最新态势，坚持工匠精神，总结多年的教学与实践经验，以及一线教学反馈进行修订。

本次修订主要在第一版教材的基础上进行了相应的补充与完善。与同类教材相比，本教材具有以下特色：

第一，素养浸润化。贯彻落实党的二十大精神，通过爱岗敬业事例发挥榜样的力量，增强使命责任担当，培养德智体美劳全面发展的社会主义建设者和接班人。将党的二十大精神中的民族自信、劳动精神、责任担当、诚实守信等价值引领元素有机融入教学内容，鼓励学生在"学"与"做"中加强修炼，全面提升职业素养。

第二，内容特色化。编者深入企业，和网店运营人员一起分析网店运营操作，及时将新技术、新工艺、新规范、典型生产案例纳入教材。每个学习情境均根据网店运营中的典型工作设置教学任务，以淘宝网为平台，通过运营、美工、推广、客服四个主要岗位介绍网店运营的理论知识与实操技能，既紧贴网店运营实际，又综合考虑了职业院校的教学实际，有很强的实用性和适用性，从而有针对性地培养学生的职业岗位技能。

第三，实践任务化。按照工学结合一体化教学理念，根据网店运营的典型工作任务设置同步实训，学生完成实训任务后可以进行自我评价、小组评价、教师评价，有助于学生学以致用，提升学习兴趣。

第四，能力培养职业化。根据网店运营岗位工作、"网店运营"课程标准、电子商务技能竞赛、"1＋X"网店运营与推广证书模块内容确定教材内容，做到"岗、课、赛、证"融通，培养学生的职业能力和职业道德。

本教材的知识架构与内容编排遵循学生的认知规律，以网店运营工作岗位要求为依据，以工作过程为导向，体现理论与实践相结合的编写指导思想。在各学习任务设置了"任务导入""知识探究""任务实施""同步实训"，突出系统化知识的提炼与总结，强调实践能力的培养，可使学生在学习本书后对网店运营的基本知识和技能有一个较为全面的掌握，为今后从事网店运营工作打下扎实的基础。

下面以学习情境三中的任务一为例来介绍本教材的框架结构：

学习情境三　营销工具

【情境介绍】设计本情境的背景和缘由

【学习目标】知识目标；技能目标；素养目标

任务　优惠促销工具；用户运营工具；客户互动工具；淘金币专区

　　【任务导入】运营人员针对店铺实际情况下达的任务单

　　【知识探究】介绍完成任务单需要掌握的知识点，融入"德技并修·德才兼备"等栏目

　　【任务实施】按运营人员下达的任务要求完成工作任务

　　【同步实训】为学生设置一个可操作的实训任务

【情境总结】以思维导图的形式归纳本情境知识点

【基础训练】对本情境学习内容的模拟训练

【拓展训练】把本情境学习的实操技能应用到自己店铺的训练

【在线资源】包括拓展学习、关键词点击和互动练习

全书共分七个学习情境，建议每周 8 学时，共计 144 学时。具体分配如下表所示：

学习情境	内容	理论学时	实训学时	学时合计
学习情境一	网店规划	4	8	12
学习情境二	网店常规	4	8	12
学习情境三	营销工具	6	12	18
学习情境四	数据分析（生意参谋）	12	24	36
学习情境五	我要推广	8	20	28
学习情境六	活动报名	4	12	16
学习情境七	无线运营	6	16	22
总计学时		44	100	144

　　本教材契合职业教育产教融合、校企合作的人才培养理念，邀请企业专家全程指导，保证了教学过程与企业工作的高度衔接，校企合作开发"双元"教材（由于电商平台更新速度很快，可能会出现课本实操与平台不一致的情况，请以平台为准）。在编写过程中得到了中山市柒玥文化传媒有限公司、东莞市百达连新电子商务有限公司等诸多电商企业的支持和帮助，在此对诸位的热情参与和帮助表示感谢！

　　本教材由庄标英担任主编，曹凯英担任副主编，参编人员有钟建珍、刘琨、邓洁莹。本教材全局框架由庄标英设计完成，其中学习情境一和学习情境二由庄标英编写；学习情境三由邓洁莹、庄标英编写；学习情境四由钟建珍编写；学习情境五、学习情境六由曹凯英编写；学习情境七由刘琨、庄标英编写；全书由庄标英统稿。

　　本教材在编写过程中，引用了诸多数据、资料和图片，在参考文献中尽可能详尽地列出了文献资料的来源，如有疏漏敬请谅解，在此向引用资料的原作者表示诚挚的敬意和由衷的感谢；本教材的出版得到了中国人民大学出版社的大力支持，在此表示衷心的感谢。由于编者水平有限，书中难免会出现不当与疏漏之处，敬请专家和读者批评、指正。

编者

目 录

网店规划

情境介绍

　　小营是一名职业院校在校学生，刚学习了如何开设淘宝店铺并发布商品，小营想把自己的店铺好好运营起来，真真切切地进行实操。但是小营没有足够的资金来囤货，于是他到阿里巴巴"一件代发"寻找货源。对于很多小店主来说，"一件代发"无疑是最合适的，没有资金和库存压力。那么，小营应该选择哪类商品进行网上销售？如何对竞争对手进行分析？哪款商品可作为网店的主推款？如何组建运营团队？针对这些问题，小营需要对将要开展的网上开店工作进行前期筹备和规划。

学习目标

● **知识目标**

1. 学习行业分析的知识。
2. 学习如何分析竞争对手。
3. 学习网店的产品布局。
4. 学习运营规划的知识。

● **技能目标**

1. 掌握网店的行业分析方法。
2. 掌握分析竞争对手的方法。
3. 掌握如何布局网店产品。
4. 掌握网店运营规划的流程。

● **素养目标**

1. 培养爱岗敬业、艰苦奋斗的劳模精神。
2. 形成标准化、流程化的工作意识。

▶ 任务一　市场分析

📹 任务导入

阿里巴巴"一件代发"是全球领先的微商货源、微店货源、淘宝网店货源的代销分销平台，是专业的微商、微店、网店货源批发市场。那么，小营应该选择哪些货源来进行"一件代发"呢？他应该从哪些方面进行行业分析？有哪些商品适合在网上销售？这些商品的主要购买人群是哪些？

🔍 知识探究

知己知彼，方能百战不殆。当接手运营一个网店时，首先要对企业情况、企业产品、市场行情、目标客户人群等有一个细致的了解。

一、市场调研

1. 市场调研的主要内容

市场调研的内容主要涉及影响营销策略的宏观因素和微观因素，调研人员需要收集市场规模、竞争对手、消费者等方面的相关数据，如市场需求、产品、价格、分销渠道、竞争、外部环境等，并基于相关数据的支持提出市场决策建议。

调研目的不同，调研内容的侧重点也会有很大不同，总体来讲，市场调研的内容大致包括以下几个方面：

（1）市场需求调研。市场需求是企业营销的中心和出发点，企业要想在激烈的竞争中获得优势，就必须详细了解并满足目标客户的需求。市场需求调研包括：市场需求量的调研；市场需求产品品种的调研；市场需求季节性变化情况的调研；现有客户需求情况的调研；等等。

（2）消费者调研。消费者调研包括：消费者购买动机调研；消费者支出模式调研；消费者购买活动调研；等等。

（3）市场竞争调研。市场竞争调研包括：竞争者数量调研；竞争激烈程度调研；主要竞争者状况调研；各类竞争者的市场地位和竞争战略调研；等等。

（4）产品调研。产品调研包括：产品品质需求调研；产品品种需求调研；产品质量调研；等等。

（5）价格调研。价格调研包括：产品价格变化趋势调研；市场价格承受心理调研；主要竞争对手价格调研；国家税费政策对价格的影响调研；等等。

（6）分销渠道调研。分销渠道调研包括：批发商、连锁零售商经营状况、销售能力调研；配送中心规划调研；物流优化组织调研；如何降低运输成本调研；等等。

（7）营销环境调研。营销环境调研包括：政治法律环境调研；经济发展环境调研；国际产品市场环境调研；产品技术环境调研；替代产品竞争环境调研；等等。

2. 市场调研需考虑的因素

一般市场调研主要考虑的因素如下：

（1）调研主题。即调研的目的与意义。

（2）调研的对象与范围。

（3）调研的具体项目与内容。

（4）调研的方法。如文献法、询问法、观察法、实验法等。

（5）调研的工具。

（6）调研的计划进度。

（7）调研的经费预算。

二、行业分析

什么是行业分析？所谓行业分析，就是分析这个行业的市场前景如何，简单来说，就是分析卖什么、卖给谁、有多少人愿意购买、愿意花多少钱购买。

为什么要进行行业分析？行业分析主要是为了研究产品在市场上的销售潜力，从而帮助经营者采取正确的经营战略。

如何进行行业分析呢？行业分析主要包括线下分析和线上分析。

1. 线下分析

线下分析主要有以下两种方式：

（1）从工厂收集反馈数据，比如哪些产品比较热销，热销产品的具体属性，热销产品的进货商反馈，等等。

（2）向销售产品的商店或者超市了解销售情况。

2. 线上分析

线上分析可以借助工具进行，常用的数据分析工具主要有以下几种：

（1）百度指数（https：//index.baidu.com），如图1-1所示。

图1-1　百度指数

百度指数能够告诉用户某个关键词在百度的搜索规模有多大、一段时间内的涨跌态势及相关的新闻舆论变化，以及关注这些词的网民是什么样的、分布在哪里、同时还搜索了哪些相关的词，从而帮助用户优化数字营销活动方案。

（2）360趋势（http：//trends.so.com），如图1-2所示。

热门排行

多个关键词以"，"分隔，最多5个　　　搜索

图1-2　360趋势

360趋势是基于360搜索，对用户搜索行为进行提取、分析的大数据分享平台。通过查询，可掌握关键词热度趋势，了解用户真实需求以及关键词搜索的人群属性。

（3）生意参谋（https：//sycm.taobao.com），如图1-3所示。

图1-3　生意参谋

生意参谋集作战室、流量、商品、交易、内容、服务、营销、物流、财务、市场、竞争等数据产品于一体，是商家端统一数据产品的平台，也是大数据时代下赋能商家的重要平台。

（4）淘商机（https：//taoshangji.taobao.com），如图1-4所示。

图1-4 淘商机

淘商机是淘宝官方推出的选品工具。商家在发布商品前，可以通过淘商机发现蓝海市场机会，选择适合店铺经营的商品；发布商品后，可以通过淘商机诊断商品在淘宝首页的流量获取能力是否良好，并根据相应的优化建议进行改进。

三、产品信息梳理

产品信息梳理容易被忽视，一些经营者认为其作用不大，其实不然，做好产品信息梳理可以让经营者对产品线有一个细致的了解。

产品信息包括产品名称、货号、型号、颜色、价格、材质、风格等，了解了这些信息，就可以在短时间内了解企业产品，提升工作效率。

四、目标客户精准定位

刚开网店的时候，不要把所有消费者都当成你的客户，也没有一家网店可以把产品卖给所有人，应尽可能把客户细分，精准定位自己网店的目标客户。客户人群不等于消费人群。以脑白金为例，其消费人群是老年人，但购买人群是青壮年。

产品的消费人群、主要购买人群、次要购买人群的性别、年龄、地域、职业、消费习惯、兴趣分别是什么？高端消费人群、中端消费人群、低端消费人群分别喜欢什么样的产品，购买的动机是什么，购买下单的方式是什么？等等。要对这些问题进行深入分析，认真研究你最了解的那部分细分客户的最大需求，并销售最适合他们的产品。

任务实施

一、行业分析

1. 类目选择

类目选择就是选品，选品的策略如下：

（1）消耗快，重购率高；

（2）利润比较高；

（3）体积小，重量轻；

（4）售后返修少；

（5）退货率低；

（6）熟悉的、了解的行业及产品。

根据阿里巴巴"一件代发"的类目（如图 1-5 所示），小营选择了比较熟悉的日用百货类目（如图 1-6 所示）中的杯子和办公文教类目中的笔进行分析。

图 1-5　阿里巴巴"一件代发"的类目

女装 男装 内衣

鞋靴 箱包 配饰

运动服饰 运动装备

母婴用品 童装 玩具

工艺品 宠物 园艺

日用百货

办公文教

汽车用品

食品饮料 餐饮生鲜

家纺家饰 家装建材

美容化妆 个护家清

3G 手机 家电

特色市场			特色导购		
创业练摊市场	礼品赠品采购		日用塑料	日用陶瓷	产地好货
百货跨境专供	百货热销市场		竹木馆	义乌小商品	专利优品
淘掌柜优选	微商热卖市场		限时包邮	临沂百货	不锈钢

餐饮用品			收纳清洁		
保温杯	玻璃杯	运动壶	沐浴球	化妆镜	拖把　衣架
礼盒套装	餐桌美器	冷水壶	收纳盒	压缩袋	抹布　粘钩
筷子	茶具	酒具　学生百货	收纳箱	整理架	粘毛滚

图 1-6　日用百货类目

2. 利用免费工具进行类目分析

生意参谋的"市场"里,有一个"市场洞察"模块可以用于对行业进行分析,但是需要付费。对于刚起步的经营者来说,可以利用免费工具进行大致的类目分析。

微课:类目分析

(1)打开淘商机,在搜索栏输入关键词"笔",可以查看笔的相关数据,点击"中性笔"的"收藏及对比",如图1-7所示。

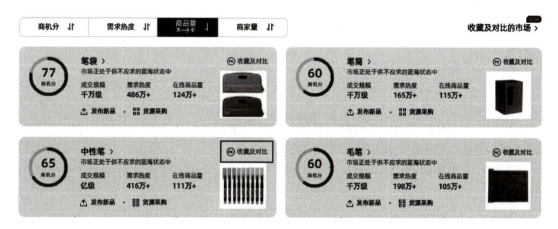

图1-7　笔的淘商机数据

(2)在搜索栏输入关键词"杯子",可以查看杯子的相关数据,如图1-8所示,点击"杯子"和"大容量杯子"的"收藏及对比"。

图1-8　杯子的淘商机数据

(3)点击图1-8中的"收藏及对比的市场"可以查看大容量杯子、杯子和中性笔的市场对比数据,如图1-9所示。

市场	需求热度 ↓↑	在线商品量 ↓↑	近一周需求增速 ↓↑	近一月需求增速 ↓↑	淘宝商家占比 ↓↑	市场动销率 ↓↑	操作
大容量杯子	67万+	123万+	5.4%	18.3%	96.5%	1%	移除对比标记
杯子	1953万+	701万+	0.04%	-2.74%	96.35%	1%	移除对比标记
中性笔	416万+	111万+	-2.91%	-8.17%	96.45%	3%	移除对比标记

图 1-9 大容量杯子、杯子和中性笔的市场对比数据

从以上搜索结果中可以得出以下结论：

第一，杯子的需求热度是最高的，说明杯子的市场容量大，市场容量大代表产品的发展潜力大。

第二，大容量杯子和杯子的近一周需求增速为正数而中性笔的为负数，说明这一周杯子的需求量在增加而中性笔的需求量在下降。

第三，大容量杯子近一月需求增速达到 18.3%，说明在杯子的类目中，大容量杯子的需求在增加。

综上，如果选择做杯子类目，可以选择市场需求量大、有潜力的类目，选择杯子中的特色产品。因为产品有特色，竞争就小，更容易突破。

3. 细分类目，确定主营产品

（1）细分产品属性。打开淘宝网搜索页面，搜索类目关键词"杯子"，如图 1-10 所示，可以看到在每一项属性词里，靠左边的属性词都是淘宝网主要推荐的标签。例如，从风格上来看，淘宝网主推北欧风格，然后是卡通、日式等，所以在选择产品时可以考虑简约风格的杯子。当然，这只是考虑因素之一，除此之外还需要综合多方面因素选择产品。

图 1-10 杯子的搜索页

　　（2）确定主营产品。从杯子的搜索页中可以看出 12～63 元这个价格区间的产品较受消费者欢迎，如图 1-11 所示，所以可初步将这个价格区间的产品设定为主营产品。

图 1-11　杯子较受消费者欢迎的价格区间

　　经过数据分析后可以进行以下操作：到阿里巴巴"一件代发"中选择北欧风格、卡通、耐热玻璃、价格在 12～63 元的水杯、玻璃杯、马克杯，综合考虑产品品牌、厂家实力、代销价格、主图、详情页效果图后，挑选 7 件产品，点击"传淘宝"按钮将产品放到淘宝店铺的仓库中。

二、产品信息梳理

　　确定好杯子产品后，制作 Excel 表格进行产品信息梳理，整理结果如表 1-1 所示。

表 1-1　产品信息

序号	品牌	发货地	型号	图片	容量	售价（元）（暂定）	活动价（元）	代销价（元）	运费（元）	成本合计（元）	备注
1	丑八怪	江苏	m007		300～400ml	29		6.5	7	13.5	
					400～500ml			7.5		14.5	
2	喜喜多	浙江	K201		200ml	60		11	6	17	
					300ml			12		18	
					500ml			13		19	
3			K411		260ml	30		9	5	14	
					350ml			10.5		15.5	
					500ml			11		16	

续表

序号	品牌	发货地	型号	图片	容量	售价（元）（暂定）	活动价（元）	代销价（元）	运费（元）	成本合计（元）	备注
4	俏啦	浙江	K301		300ml	19.9		2.6	5.5	8.1	
5			K5210		320ml	78		21	8	29	
6	卡西菲	浙江	K620		430ml	39		18～19	8	26～27	
7			K611		400ml	59		18～19	8	26～27	

三、目标客户定位

确定了店铺的主营产品之后，接下来要做的就是定位目标客户。怎么定位目标客户呢？这就需要借助人群画像进行客户人群分析。利用百度指数或360趋势，可以得到一个大概的人群画像。

打开360趋势，输入关键词"杯子"，点击选择"用户画像"，搜索结果如图1-12所示。从中可以得出结论：

（1）从地域分布上来看，主要集中在广东、浙江、湖南。

（2）从搜索人群年龄上来看，主要集中在19～34岁具有网购习惯的年轻人群，其中19～24岁的比重较大。

（3）从性别上来看，男性占比低于女性。

（4）从人群爱好上来看，主要集中于哔哩哔哩、抖音、昵图网。

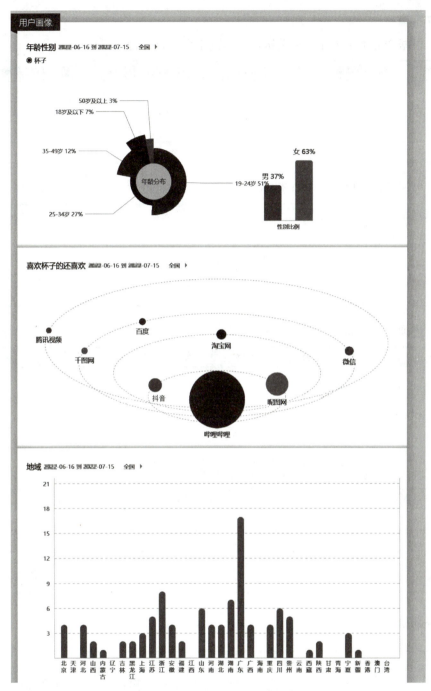

图 1 - 12　"杯子"的用户画像

◎ 同步实训

任务描述

小明的爸爸是一位台灯生产商，学习电子商务专业的小明打算把爸爸工厂生产的台灯放到网上销售，请你帮助小明进行台灯的行业分析（台灯资料详见电子素材）。

操作指南

（1）根据产品确定产品类目关键词，再利用淘商机进行类目分析。

产品	类目关键词	需求热度	在线商品量	近一月需求增速

（2）根据类目分析结果细分类目，确定哪些产品可以作为网店的主营产品。

主营产品	理由

（3）梳理主营产品信息并制作 Excel 表格。

货号	品名	品牌	尺寸	材质	重量	颜色	……

（4）利用 360 趋势或百度指数进行目标客户定位。

主营产品类别	目标客户定位

任务评价

评价内容	分值	评价		
		自我评价	小组评价	教师评价
提炼类目关键词准确	10			
类目分析合理	30			
确定主营产品的理由充分	15			
主营产品信息梳理正确、详细	30			
目标客户定位合理	15			
合计	100			

▶ 任务二　竞争对手分析

📹 任务导入

　　网店大多是借助淘宝、易趣、拍拍、京东等大型网络贸易平台完成交易的。在这些平台上，销售同类产品的网店多如牛毛，小营如何才能在众多销售同类产品的网店中脱颖而出，实现效益最大化呢？这就需要小营对竞争对手进行深入的了解。

◎ 知识探究

一、如何定位竞争对手

扫一扫

微课：竞争对手分析

　　需要注意的是，不是所有同一个类目的产品卖家都是你的竞争对手。那么，谁才是自己真正的竞争对手呢？下面从三个方面来分析如何定位竞争对手。

1. 产品属性

　　没有一件产品能满足所有人的需要。个体的差异化导致人们对于同一类产品有不同的需求。以女包为例，打开淘商机，搜索"女包"，点击"女包"，会发现女包的在线商品量有 556 万多个，如图 1-13 所示。

图 1-13　淘商机中"女包"的在线商品量

　　如果单纯从这个角度去考虑的话，竞争会非常激烈。要想在这么多的产品中脱颖而出，对于小卖家而言简直是难于上青天。

　　但是有一点一定不能忽视，那就是女包的款式、风格、品牌、材质以及每个人的购买热点等是非常多样化的。只有相同或相似的产品间才有可能产生竞争，经过筛选后，竞争对手会少很多。比如女包这个大类目，在限制"女包—民族风"的条件下，类似的商品有 97 页，如图 1-14 所示。

2. 价格

　　以女包为例，筛选后的价格带如下：30% 的用户选择 0～78 元的；60% 的用户选择

图 1-14　设置条件后的"女包"搜索结果

78～386 元的（如图 1-15 所示）；9％的用户选择 386～1 628 元的；1％的用户选择 1 628 元以上的。这是官方系统给出的数据，搜索关键词之后，首页就会有显示。当然，如果购买了"生 e 经"，里面会有更详细的数据。根据自己产品的价格区间再进行筛选，确定产品和卖家，有助于剔除很多真正的竞争对手。

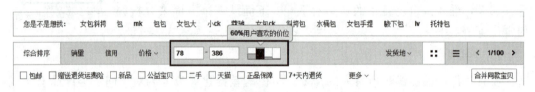

图 1-15　淘宝网"女包"的价格带

需要注意的是，产品的价格一定要根据自己产品的实际情况，并结合全网的价格分布来分析确定。一些卖家有经常变动价格的习惯，产品的转化率一下降就打折，一提高就提价。其实这样是很不好的，频繁变动价格，尤其是变动一口价，极容易因为千人千面的推荐而降权。

最好的方式是，分析市场，确定一口价，其间可以微调，但是不可以大幅度或者频繁改动价格。当转化率降低时，可通过关联销售提高销量。

3. 销量

确定了产品属性与价格之后，就可以去了解销量了。你会发现，竞争对手有销量上万的，也有几千、几百甚至几十的，如图 1-16 所示。在刚起步的时候，可以选销量为几百、几十的卖家作为竞争对手，突出自己的优势，赶超他们，然后再选择新的竞争对手。

二、从哪些方面分析竞争对手

确定竞争对手后，可以通过对竞争对手的店铺和竞争产品进行分析来认识和了解竞争对手。

图 1-16 不同"女包"商品的销量

1. 店铺分析

（1）店内结构分析。

对同类店铺，应对其整个框架结构进行分析。可以通过店铺首页、店招、产品分类等对店内结构进行分析，如图 1-17 所示。表 1-2 所示为某店铺店内结构分析的结果。

图 1-17 店内结构

表 1-2 某店铺店内结构分析

店铺名称	店内结构
××店铺	秋装新品 夏季新品 T恤 连衣裙 衬衫 休闲裤 牛仔裤 莲灿系列 女鞋 会员中心 品牌故事

（2）营销手段分析。

可以通过店铺首页、产品详情页等来了解店铺的营销手段。如图 1-18 所示，该店铺海报展示了该店铺"秋装新品 7 折""满 350 减 50""满 500 减 100"等营销信息。

图 1-18 店铺营销信息

（3）其他方面分析。

一是分析竞争对手的优势和劣势。分析竞争对手的优势，并了解其经营之中的不当之处，在个人店铺经营中扬长避短。

二是预测竞争对手的下一步计划，看看竞争对手的发展方向，推断其接下来可能会采取的策略。

2. 竞争产品分析

对竞争产品进行分析，了解同类产品的动态，才能更好地规划自己的店铺。对竞争产品的分析主要包括以下几个方面：

（1）产品受众分析。

产品受众分析可以从该产品的市场分布和市场细分两方面来进行。

（2）卖点分析。

卖点就是能够打动客户的独特的、最核心的利益点。不同店铺的产品，卖点各不相同。要对店铺产品的卖点进行分析，了解哪些卖点能够引起客户的购买欲望，从而学会挖掘个人店铺产品的卖点。

（3）定价分析。

相同类型的产品，在不同店铺定价不一样，购买率也各不相同。在分析产品时，定价分析也是必不可少的。如图 1-19 所示，78.6％的人选择了 70 元以内的鼠标产品。

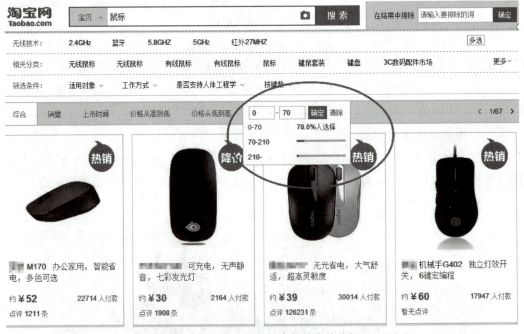

图 1-19   淘宝网鼠标产品的定价分析

（4）评价分析。

卖家需要不断地和竞争对手进行对比，淡化对方的优势，并挖掘自身优势，以提高竞争力。这里提供一个小技巧：可以查看买家对竞争对手产品的差评，然后根据对方的差评对产品进行优化，形成自己的卖点，这样可以达到不错的效果。图 1-20 所示为买家反馈买的包质量不好，我们若据此制定好策略，对于提高转化率会有帮助。

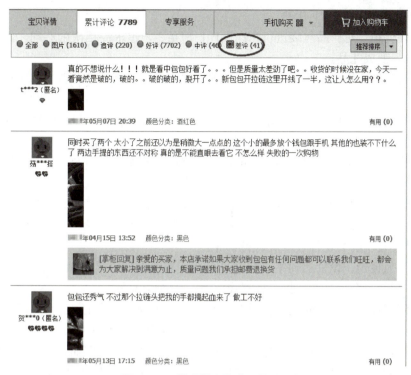

图 1-20　某店铺女包产品的差评

（5）详情页分析。

网店和实体店最大的区别就是买家和卖家无法面对面交流，买家对于产品的手感、做工、质量等，都是通过图片及文字来了解的。所以，详情页是决定买家最后是否下单的重要因素。卖家可以从不同的竞争产品详情页去发现优点，找出适合自己店铺产品的特点，加工为产品的卖点。例如，上班族经常对着电脑，手握鼠标，时间长了容易疲劳，在详情页里突出鼠标舒适的特性（如图 1-21 所示），能很好地吸引买家的注意。

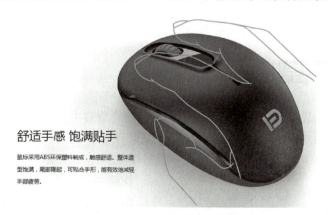

图 1-21　突出鼠标舒适特性的详情页

（6）促销分析。

不同的店铺，选择的产品促销方式和频率也不一样。卖家需要分析竞争对手的促销手段与自己的异同之处。

常用的促销手段有以下几种：

1）包装促销。对产品包装进行二次设计，满足客户追求高档次的心理。例如，将产品豪华包装，变成礼品。

2）回报促销。添加一些免费式或折扣式的促销内容。例如，免费试用、免单、满就减、返现、包邮等。

3）节日促销。利用一些节日活动做促销，方案可以不新颖，但一定要实在，让利幅度要大，达到以点带面的效果。例如，新年红包、会员日特价等。

4）产品特性促销。根据产品的功能特点做促销。例如，新出的产品可以提供新品折扣等。

5）组合促销。利用多购多得的原则进行促销活动。例如，赠送式促销：买 A 产品送 B 产品；附加式促销：加一元，多一件；搭配促销：A 产品和 B 产品合购享优惠价；连贯式促销：首次购买正价，二次购买半价。

6）临界点促销。设置达到某一标准享促销优惠。例如，最高额促销：全场 50 元封顶；最低额促销：全场最低 2 折；极端式促销：全网最低价。

7）限定式促销。限定时间或条件进行促销活动。例如，限量促销（限量销售）、阶梯式促销（早买早便宜）、限时促销（秒杀）、逢时促销（整点免单）。

8）另类促销。另类促销活动也可以吸引一些客户的眼球。例如，稀缺性促销：独家代理；反促销式促销：原价售卖，绝不打折；悬念式促销：价格竞猜。

三、确定竞争对手之后的产品优化

产品优化包括标题、价格、主图、详情页的优化。因为在前期已经确定了产品的定位和潜在客户，所以只要迎合这类人去进行标题、价格、主图及详情页优化，就可以达到提升转化率的效果。

任务实施

一、明确竞争对手

在对竞争对手进行分析之前，要先明确自己的竞争对手是谁。

玻璃杯行业有不同类型的产品，卖家应根据自己店铺销售的产品，分析其他网店产品的优势。例如，图 1-22 所示为某网店的爆款推荐，突出便携式、带茶漏，人性化的设计使产品在外形与功能方面都更吸引人。了解了该店铺产品的优势，卖家就可以在自己店铺引进更具有人性化设计的玻璃杯产品。

定位玻璃杯产品竞争对手需要分析以下几方面内容。

爆款推荐

嘻嘻硅胶手提玻璃杯便携式带茶漏企鹅杯时光布丁杯茶隔手提大肚杯

¥ **18.90** 23.90

推荐指数：★★★★★

图 1-22 某网店的爆款推荐

1. 产品属性

打开淘商机，搜索"玻璃杯"，点击"玻璃杯"，会发现玻璃杯的在线商品量有 323 万多件，如图 1-23 所示。

图 1-23　淘商机中"玻璃杯"的在线商品量

对产品进行筛选。如图 1-24 所示，在设置条件之后进行筛选，符合条件的商品只有 1 页。

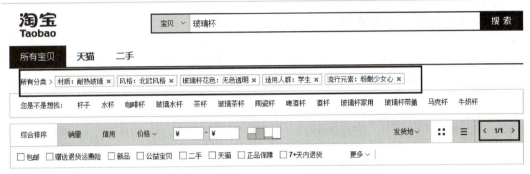

图 1-24　设置条件后的"玻璃杯"搜索结果

2. 价格

在淘宝网搜索"玻璃杯"，综合栏目条中的价格带如下：30％的用户选择 0~6 元的；60％的用户选择 6~50 元的（如图 1-25 所示）；9％的用户选择 50~194 元的；1％的用户选择 194 元以上的。根据自己设定的价格区间找出竞争对手，比如设定的区间为 28~48 元，只需查看 6~50 元价格区间的商品。

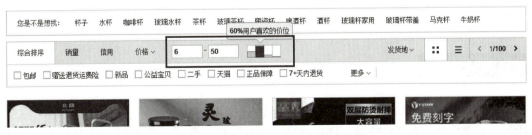

图 1-25　淘宝网"玻璃杯"的价格带

3. 销量

刚创建店铺的卖家需要剔除竞争力比较强的对手，找出销量适中的对手进行分析和对比。可以搜索出商品销量在 100 以内的店铺作为竞争对手，如图 1-26 所示。

图 1-26　商品销量在 100 以内的店铺

二、分析竞争对手的产品

从产品属性、价格区间、销量、卖点、评价内容等方面出发，对竞争产品进行分析，得出分析结论，如表 1-3 所示。

表 1-3　竞争对手产品的分析结论

序号	竞争对手	产品属性	价格区间	销量	卖点	评价内容
1	××桃子君	茶具、茶杯、耐热玻璃材质、复古流行元素	28～105 元	95 件	复古	异味浓、质量有问题
2	××潮流水杯	便携杯、玻璃杯、创意杯	7.9～49 元	50 件	创意形状	容易断裂、掉漆、有异味
3	××玻璃生活馆	保温瓶、密封罐、咖啡杯	3.5～29.9 元	63 件	多功能	玻璃面起泡、有破碎、包装太差

三、产品优化

根据竞争对手产品的差评对自己的产品进行优化，包装成自己的卖点。如图 1-27 所示，买家反馈杯套塑料味浓，则应据此制定好策略，保证产品质量，不能出现杯套塑料味浓的问题，并在宣传时突出强调杯套无塑料味。

查看同类产品的评价，统计其差评内容。表 1-4 所示为个人店铺的相似产品差评统计。

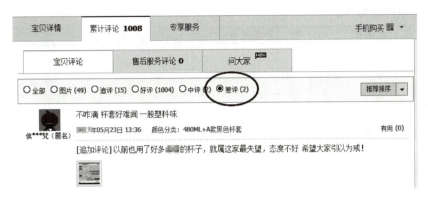

图 1 - 27　某店铺玻璃杯产品的差评

表 1 - 4　个人店铺的相似产品差评统计

序号	差评内容	序号	差评内容
1	杯子异味重	6	色差大
2	玻璃裂缝	7	保温效果差
3	杯盖有缝隙	8	质量有问题
4	杯子容易漏水	9	杯子有缺损
5	杯子生锈	10	杯子掉漆

◉ 同步实训

任务描述

小明想开一个销售台灯的网店，但他不了解当下竞争对手的情况，请你帮助小明进行台灯销售的竞争对手分析。

操作指南

（1）筛选出 5 家竞争对手店铺的信息。

序号	店铺名称	产品属性	价格区间	销量
1				
2				
3				
4				
5				

（2）竞争对手店铺分析。

序号	店铺名称	店内结构	营销手段	其他
1				
2				
3				
4				
5				

（3）竞争产品分析。

序号	产品名称	产品受众	卖点	定价
1				
2				
3				
4				
5				

序号	评价	详情页	促销	问大家
1				
2				
3				
4				
5				

任务评价

评价内容	分值	评价		
		自我评价	小组评价	教师评价
筛选出的竞争对手店铺合理	25			
对竞争对手店铺分析恰当	25			
对竞争产品分析细致	50			
合计	100			

▶ 任务三　产品布局

📹 任务导入

　　通过行业分析和竞争对手分析，小营了解了玻璃杯行业的热门品类及消费者的年龄、爱好、消费层级等，对将要开张的店铺已经有了明确的定位，接下来就要为店铺进行符合定位的产品布局了。

　　产品布局是店铺运营的重点之一，如果没有好的产品布局，就很难达到想要的效果。对于新手卖家来说，做好产品布局就是要恰当地进行产品选择规划和产品管理。

⚙ 知识探究

一、了解产品布局

1. 产品布局的要点

（1）如何更容易地销售产品。

销售是从别人的改变开始的。当你能够描绘出客户的这种改变，然后把你的产品作为改变客户的一种手段时，产品就会较容易销售出去。相反，如果你只是坐在办公室里拼命地去想，去研究一个产品，却根本不知道这个产品适合谁使用、对客户能起到什么样的作用，那么你的销售难度就会非常大。

（2）如何完美定价。

很多人的定价方法是很直接的，比如：成本是 10 元，加上 40% 的利润，所以定价应该是 14 元，还有些人完全参考竞争对手的价格来定价，这些都是不全面的。真正合理的定价标准应该聚焦在目标客户的改变上。

2. 传统的产品布局

传统的产品布局是"高低价"错落的，先从低价开始，然后慢慢地升高。当你的店铺有很多产品时，尤其需要这样的布局；如果没有足够多的产品，那么至少要给客户 3 种选择：好的、更好的、最好的。例如，图 1-28 所示为某店铺销售的购物袋，有低、中、高三种价格层次。

新款外贸单尼龙超大容量可折叠便携超市购物环保袋手提买菜包现货

￥8.80 ￥9.80 已售：74件

购物袋新款日本时尚加厚手提便携单肩买菜包大容量折叠环保袋现货

￥13.99 ￥14.90 已售：103件

环保袋折叠新款出口外单兔子超市便携时尚卡通可爱公仔购物袋现货

￥21.80 已售：894件

图 1-28 某店铺销售的购物袋

传统的产品布局模式具有以下特点：

（1）价格先低后高，逐渐加大差距。

（2）单一线路或多条线路。

随着客户对店铺信任度的提高，他们会越来越倾向于购买高价产品，这个时候店铺可以适当提高产品价格。

3. 产品布局和关键词布局的关系

产品布局和关键词布局是相辅相成的，合理的产品布局能够将关键词布局的作用发挥得恰到好处，能最大限度地引入搜索流量；而合理的关键词布局能让产品布局的效用最大化。

二、店铺的主推款

1. 引流款

顾名思义，引流款就是店铺的主推产品。将产品定位为引流款，就意味着这些产品是店铺最大的流量来源通路。引流款一般选择大部分消费者都能接受的、非小众的产品。而且这部分产品转化率要好，相较于同样类目属性环境下的竞争对手，要有价格或者其他方面的优势。要想精准选择引流款，就要做好数据测试，尽量选择转化率高、地域限制较小的产品，观察其数据状况，初期可以给予比较小的推广流量，慢慢测试后，再稳步增加流量。图1-29所示为某女装店铺引流款产品，白色宽松上衣、棉麻布料是大部分消费者都能接受的，这样的产品能为店铺带来更多销量和流量。

图1-29　某女装店铺引流款产品

2. 利润款

将产品定位为利润款，就意味着要靠这些产品为店铺带来更多的销量和利润。因此，这类产品应该在实际营销中占比最高。

利润款选款时，对数据挖掘的要求比引流款选款更高。首先，要锁定目标受众，精准分析目标受众的爱好。利润款的目标受众，应该是某一特定的人群，例如追求个性的、追求潮流的人群。然后，分析适合他们的款式、产品卖点、设计风格、价位区间等，再做出决定。图1-30所示为某女装店铺利润款产品，其风格各不相同，而且利润可观。

图1-30　某女装店铺利润款产品

3. 活动款

选择活动款产品，首先应明确通过活动要达到的目的是什么，是清库存、冲销量，还是让客户体验品牌。应根据不同的目的，选择不同的操作方式。

例如，以清库存为目的的活动款产品，一般都是些陈旧或者尺码不全的款式，这样就必须牺牲客户对品牌的体验，那么低价出售就是弥补客户的一个最好的方式。图1-31所示为某女装店铺活动款产品，通过降低价格来增加销量，达到清库存的目的。

4. 形象款

形象款的主要作用是提升品牌形象。应该选择一些高品质、高调性、高客单价的小众

图 1-31　某女装店铺活动款产品

产品作为形象款。但是形象款仅仅是产品销售的极小部分，店铺只需设置 3～5 种即可，应该把重点放在前三种产品上。图 1-32 所示为某文具店形象款产品，商务皮面加厚记事本、持久耐用的 A4 文件资料夹、书写流利的水性笔、A5 硬面复古商务记事本和彩色多功能桌面收纳笔筒，都是该店铺高品质、高质量的商品，能作为形象款进行推广。

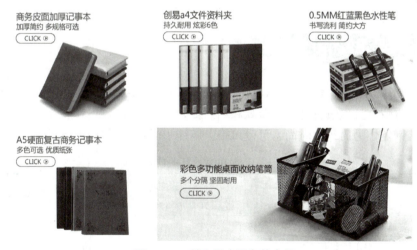

图 1-32　某文具店形象款产品

总而言之，要想做好产品差异化，就要把店铺的产品分成引流款、利润款、活动款和形象款这四种形式，以提高产品的转化率，让店铺获得更多销量。

德技并修·诚信经营

假借"福袋"卖低价商品，网店被判支付三倍赔偿金

20××年"双11"期间，王某在某公司经营的网店花费 949 元购买了一个"男装超值幸运福袋（款式随机）"。该公司在该"福袋"的销售页面醒目标注"￥2 399"字样，并承诺福袋内产品价值均高于 2 399 元。但王某收货后发现，"福袋"内的商品为一件售价仅为 799 元的大衣，认为该公司将低价大衣包装成高价"福袋"进行销售，实施了价格欺诈，请求法院判决退货退款并由某公司支付三倍惩罚性赔偿金。

北京互联网法院经审理认为，法律禁止价格欺诈行为。该公司在"双 11"期间将售价 799 元的大衣以"超值幸运福袋"的形式销售给王某，远远低于其承诺的"福袋"价值，诱导消费者进行购买，构成价格欺诈，应当予以退款并支付三倍惩罚性赔偿金。

北京互联网法院综合审判一庭法官在阐述该案典型意义时称，对消费者来说，"福袋"相当于商品打折优惠，在购买时对"福袋"内商品的期待感也非常强烈。对于经营者而言，"福袋"已成为一种有效的促销手段。但是，促销绝不能成为变相的价格欺诈。

▶ 任务实施

店铺有 10 款水杯，现在需要给这 10 款水杯进行定位，确定店铺的主推款。具体的操作步骤如下。

一、明确商品定位和了解商品

进货时须认真考虑，仔细挑选，店铺中所有单品的选择均要符合店铺的风格、目标人群、价格定位，且须慎重考虑引流款和利润款。

现将店铺定位为简约、时尚、可爱风格。店铺 10 款水杯的具体情况如表 1-5 所示。

表 1-5 店铺 10 款水杯的具体情况

商品序号	商品名称	价格（元）	库存（个）	利润（元）	购买人群
1	爱心玻璃时尚高硼硅学生水杯车载杯子	29	393	13.5～15.5	学生
2	女士提环真空不锈钢保温杯定制杯	60	900	17～19	女士、上班族
3	韩国可爱创意不锈钢女士儿童保温杯	30	600	14～16	儿童、女士
4	卡通布套带盖情侣儿童玻璃杯定制 Logo	19.9	500	8.1	学生、商店批发
5	韩版时尚可爱水滴保温杯	78	800	29	儿童、学生、上班族
6	高档新款骑士玻璃杯运动水瓶	39	397	26～27	男士、上班族
7	玻璃杯木纹高档带茶隔加厚玻璃杯	59	1 000	26～27	上班族
8	保温保冷杯不锈钢真空运动水壶	59	1 199	23	上班族、爱运动人群
9	防烫耐高温可定制 Logo 玻璃企鹅杯	19.9	400	8.8	学生、女士
10	带布套杯玻璃杯便携随手水杯	19.9	800	10.5	学生、上班族、送礼

二、商品定款

1. 引流款

所选择的引流款商品必须是畅销商品，以吸引更多的客流，为店铺增加流量。

商品 10 "带布套杯玻璃杯便携随手水杯"，其便携的特点适合各种人群，布套设计更显商品的人性化，而且库存充足、利润适中，作为引流款是必然选择。

微课：商品定款分析

商品 4 "卡通布套带盖情侣儿童玻璃杯定制 Logo" 价格较低，可以吸引更多的购买者，且与商品 10 的特点不同，能吸引不同类别的消费者，也可作为引流款。

2. 利润款

从表 1-5 中可以看出，利润最大的是商品 5 "韩版时尚可爱水滴保温杯"，购买人群也较广泛，能获得更大的销量和利润，所以宜选择商品 5 为利润款。商品 6 和商品 7 特点突出，一个是运动款，另一个带茶隔，各具特色，利润也较高，也可作为利润款。

3. 活动款

商品 2 的特点比商品 4 会更有优势，这样的商品可以作为活动款，搞一些促销活动，增加销量。

商品 3 适用人群有限，购买者不多，可以将其作为活动款，降低价格，吸引购买者。

4. 形象款

商品 1、商品 8 和商品 9 材质较好、特点鲜明，而且风格不一，满足不同消费者的需求，可作为形象款提升品牌形象。

商品定款汇总如表 1-6 所示。

表 1-6　商品定款汇总

序号	定款类别	定款商品序号
1	引流款	商品 4、商品 10
2	利润款	商品 5、商品 6、商品 7
3	活动款	商品 2、商品 3
4	形象款	商品 1、商品 8、商品 9

三、发布商品

根据定款结果发布商品，为商品设置不同的促销信息和属性，如图 1-33 所示。

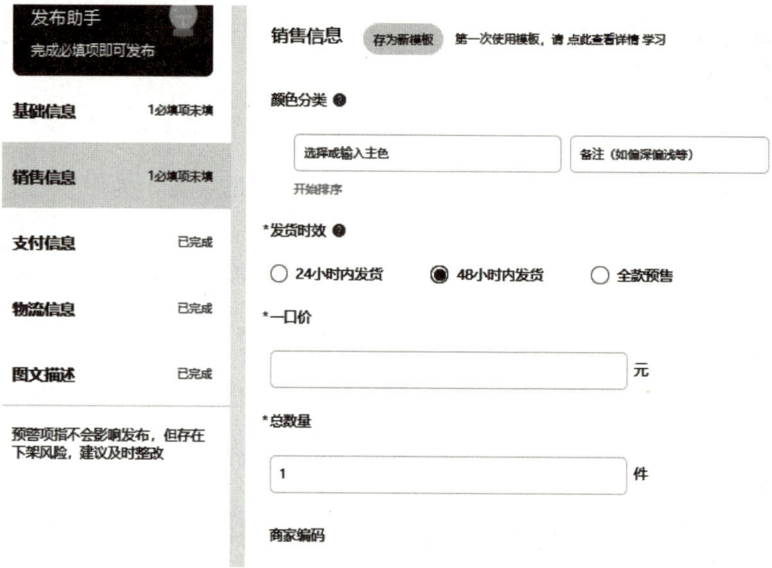

图 1-33 发布商品

⏸ 同步实训

任务描述

请根据下表中的信息帮助小明选出合适的商品款式，进行商品定款并发布商品。

商品序号	商品名称	价格（元）	库存（个）	利润（元）	购买人群
1	LED 可充电夹子台灯	27.8	1 993	18.8	学生
2	USB 可充电灯管台灯	20.9	1 298	5.9	学生
3	LED 射灯座式壁灯顶灯照画灯背景墙灯	31	1 359	11	商店、小区家庭
4	床头灯插电调光小夹灯	33	10 201	13	学生、上班族
5	长杆天花照画灯壁灯电视背景墙灯	49	3 906	11	商店、小区家庭
6	可移式塑胶外壳台灯	46	1 661	11	学生、上班族
7	触摸感应小夜灯充电小台灯	38	3 079	10	学生、家庭、上班族
8	LED 光控声控遥控开关小夜灯	45	500	10	学生、家庭、上班族
9	LED 可调光充电护眼学习书桌灯小台灯	59	1 440	19	学生、上班族
10	节能创意卧室旋钮调光床头台灯	59	1 276	29	学生、家庭、上班族

操作指南

（1）明确商品定位。

风格定位	
人群定位	
关键词定位（子类目定位）	
价格定位	

（2）挑选商品款式。

商品款式	分析内容				
	市场趋势	竞争程度和利润空间	目标客户喜爱程度	是否在全网热销的价格区间	货源是否稳定、可控

（3）商品定款。

定款类别	商品名称	商品数量
引流款		
利润款		
活动款		
形象款		

任务评价

评价内容	分值	评价		
		自我评价	小组评价	教师评价
商品定位合理	25			
商品款式挑选恰当	35			
商品定款准确	40			
合计	100			

▶ 任务四　运营规划

📹 任务导入

　　小营在行业分析、竞争对手分析的基础上，对产品进行了布局，店铺已具雏形。接下来，小营需要组建自己的电子商务运营团队。那么，他该如何组建自己的运营团队？如何做网店预算？如何制定方案？

◎ 知识探究

　　"我们不能统一人的思想，但我们可以统一人的目标。"要进行网店运营，就需要制定运营规划，统一团队目标。

一、运营规划的概念

　　运营规划指的是一个网店向正常目标发展所需要制订的有预见性的进程性计划。不

管是网店的运营，还是项目的运营，运营规划都是不可或缺的，有了具体合理的运营规划，才能有条不紊地按规划进行运营。认真落实运营规划，可以使网店销售达到预期的效果。

二、运营规划的流程

1. 销售目标的制定及分解

运营规划必须要有清晰的目标，并且要对目标进行分解，例如：网店的销售目标是多少？制定这个目标的理由是什么？如何分步实现这个目标？实现过程中的风险是什么？如何规避或解决？

2. 运营团队建设

一个完整的运营团队所需岗位及其职责如表 1-7 所示。每个成员都必须清楚自己的职责，知道自己该干什么，各司其职，努力提高工作效率。

表 1-7　一个完整的运营团队所需岗位及其职责

岗位	职责
运营	协调各岗位工作，制订全年目标和计划，负责产品选款、定价并进行营销
拍摄	负责产品整体图、细节图、场景图等的拍摄
文案策划	负责产品卖点、详情页、店铺首页、活动页等内容的撰写
美工	负责图片处理，主图、海报、商品详情页设计，活动页、专题页及整个店铺的装修等
推广	负责产品淘宝站内外的引流、SEO、直通车推广、钻石展位推广、活动报名及其他推广等
客服	负责售前整理常见问题、咨询导购，售中订单处理，售后退换货等
财务	负责统计日常收入与支出
仓管	负责仓储、库存、物流管理、打包、配单、发货等

3. 运营费用的预算规划

在运营网店前，需要对运营网店的预算进行规划。淘宝个人店铺运营一般需要以下几项预算：

（1）保证金 1 000 元（必需）。

（2）店铺工具费用（选用），详见表 1-8。

表 1-8　店铺工具费用（选用）

工具		费用
生意参谋市场洞察	标准版	1 188 元/年
	专业版	9 000 元/年
生 e 经	加强版	170 元/年
	专业版	500 元/年
超级店长	初级版	129 元/年
	高级版	269 元/年

（3）推广费用，详见表1-9。

表1-9 推广费用

项目	费用
直通车	开通需充值500元，点击扣费
引力魔方	点击扣费
淘宝客	佣金扣费
淘宝达人	佣金扣费

（4）员工费用（估值），详见表1-10。

表1-10 员工费用（估值）

岗位	工资	岗位	工资
运营	5 000元/月	客服	3 000元/月
推广	4 000元/月	财务	3 000元/月
拍摄	4 000元/月	仓管	3 000元/月
美工	4 000元/月	文案策划	3 500元/月

（5）快递费用。大约5元/单。

当然，店铺运营实际花费与前期预算会有出入，需要根据店铺运营利润适时调整。

4. 运营计划的制订

运营计划根据时间长短可以分为近期计划、中期计划和长期计划。近期计划一般时间跨度为1个月到半年，以更好地观察运营效果。中期计划一般为半年到1年。长期计划则要根据店铺的最高目标来具体制订。

三、网店开设准备

1. 网上开店的概念和形式

网上开店是指卖家自己建立网站或通过第三方平台，把商品形象、性能、质量、价值、功能等展示在网络上给买家看，同时在网络上留下联系和支付方式，买卖双方相互联系，然后买家以汇款或网上银行的方式跟卖家进行买卖，来达成交易的整个流程。

网上开店的形式主要有兼职、全职和实体兼营。兼职是指经营者为了获得更多收入，将经营网店作为自己的副业，如一些在校学生利用课余时间经营网店；不少上班族利用业余时间开设网店。全职相当于投资创业，经营者会将全部的精力都投入网店的经营，将网上开店作为自己的事业，将网店的收入作为个人收入的主要来源，采用这种经营方式，经营者要付出很大的精力和财力，网上店铺的经营效果也会更好。实体兼营是指已经拥有实体店铺的经营者，为了扩大生意的受益面而兼营网上店铺。

2. 网店运营平台的类型

随着电子商务的迅猛发展，近年来，国内外学者对电子商务提出了不同的分类方法，

最简单的分类方法是按照电子商务交易的主体来分类，分为 B2B 模式、B2C 模式、C2C 模式和电子政务。网店运营平台常见的有 B2B 平台、B2C 平台、C2C 平台。

3. 常见的网店运营平台分析

（1）B2B 平台。

1688 是阿里巴巴集团的旗舰公司，是世界领先的 B2B 电子商务公司之一，也是中国领先的中小企业国内贸易电子商务平台，服务于中国和全球的中小型企业。1688 以批发和采购业务为核心，已经覆盖原材料、工业品、服装服饰、家居百货、小商品等 16 个行业大类，提供原料采购、生产加工、现货批发等一系列供应服务。1688 网站首页如图 1 - 34 所示。

图 1 - 34　1688 网站首页

（2）B2C 平台。

B2C 平台主要有天猫、京东商城、唯品会、当当网、苏宁易购等。其中，天猫交易份额占比较高。天猫作为一个开放性平台，由第三方品牌商入驻，主要为商家提供展示机会和流量来源，推广、仓储、配送、售后等需要商家自己完成，相比京东商城来说，其入驻的费用较高。京东商城就像是传统意义上的超市，卖家可以使用京东商城的仓储和物流配送服务，发货速度较快，买家体验较好。

（3）C2C 平台。

淘宝网是亚太地区较大的网络零售平台，由阿里巴巴集团在 2003 年 5 月创立。随着淘宝网规模的扩大和用户数量的增加，淘宝网逐渐从单一的 C2C 网络集市变成了包括 C2C、团购、分销、拍卖等多种电子商务模式在内的综合性零售平台，已经成为一个世界范围的电子商务交易平台。

拼多多是专注于 C2M 拼团购物的第三方社交电商平台，成立于 2015 年 9 月，用户可以通过发起和朋友、家人、邻居等的拼团，以更低的价格拼团购买所需的商品。通过沟通分享形成的社交理念，形成了拼多多独特的新社交电商思维。淘宝网和拼多多的对比见表 1 - 11。

表 1-11　淘宝网和拼多多的对比

对比内容	对比平台	
	淘宝网	拼多多
运营方式	支持手机版和电脑版，以分销模式为主	只有手机版，基于微信人脉社交的拼团模式
购买形式	随时下单	通过与别人拼团，可以得到一些价格上的优惠
入驻门槛	相对复杂	相对简单
销量体系	显示的是最近一年的销量	显示累计销量，主要做的是低价爆款
中间环节	体系成熟，各方面的信息和服务都比较全面，更加注重个性化、消费者的细分	体系比较简单

4. 网店申请的资质要求

根据以上运营平台分析，B2B 平台和 B2C 平台开店必须是企业店铺，要求比较高；C2C 平台适合开设个人店铺，淘宝网和拼多多的人流量比较高，而淘宝网目前体系比较成熟，小营可选择开设一家淘宝个人店铺。

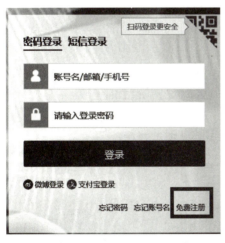

图 1-35　在登录界面点击"免费注册"

淘宝网开设个人店铺所需要的材料如下：

（1）手机号，用于注册淘宝账号。

（2）身份证，年满 16 周岁。

（3）支付宝认证，需要办理一张具有网银标识的银行卡，一般大银行如工商银行、建设银行、中国银行、交通银行等银行的储蓄卡都可以。

（4）扫脸认证，确保和手机号、身份证、银行卡是同一个人的信息。

5. 网店开设流程

（1）打开淘宝网（https://www.taobao.com），点击"登录"，打开登录界面后，点击"免费注册"，如图 1-35 所示，

扫一扫

微课：网上开店流程

按提示输入手机号等信息即可完成注册。

（2）登录淘宝账号后，点击"免费开店"，如图 1-36 所示。

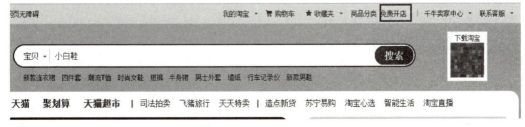

图 1-36　点击"免费开店"

（3）选择"个人开店"，打开个人开店界面。

（4）在图 1-37 所示界面点击"已准备好，开始开店"，打开如图 1-38 所示界面。

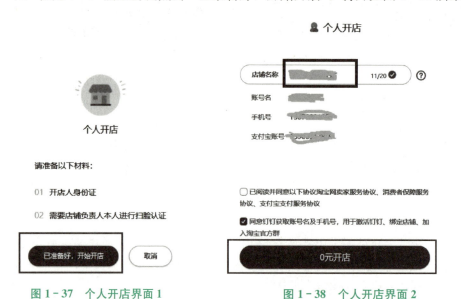

图 1-37　个人开店界面 1　　　　　　图 1-38　个人开店界面 2

（5）填写店铺名称后，点击"0 元开店"，打开开店认证界面，如图 1-39 所示，按要求填写身份信息即可完成开店。

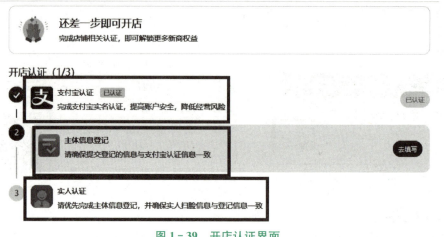

图 1-39　开店认证界面

德技并修·知法守法

"无门槛开店"？南京公安破获诈骗案，涉案金额高达 1.4 亿元

江苏省南京市公安局披露一起涉案金额高达 1.4 亿元的新型网络诈骗案。涉案团伙以"无门槛开店"为诱饵广撒网，继而以辅导开店之名诈骗"辅导费"，甚至还与被害人签合同。警方抽样调查 2 000 多名被害人，仅 1 人意识到这是诈骗并报警。

据南京市公安局披露的信息，这一团伙以公司化模式运营，下设 4 个分公司，公司内部又设有推广、销售、教学、运营等部门。涉案团伙先以"无门槛开店"为噱头在各网络平台进行推广，吸引被害人在其网站开店，然后再以辅导开店为由，诈骗"辅导费"。"一对一"辅导套餐分白银、黄金、钻石、皇冠等4个等级，价格从4 580元至12 880元不等。

案件告破后，犯罪嫌疑人交代，公司所谓的金牌教师只有初、高中文化，他们向被害人展示的成功案例也是伪造的。被害人在网上开设的店铺最终多以退店、封店收场。

南京警方介绍，此案作案手段隐蔽，各环节环环相扣，涉案团伙甚至还会与被害人签订制式合同。涉案交易流水达1.4亿元，涉及全国各地被害人共计8 000多名。南京警方出动800多名警力，将这个涉案团伙彻底摧毁，抓获犯罪嫌疑人450多人。

🎬 任务实施

小营根据运营规划要点，制订网店运营规划。

一、销售目标的制定及分解

考虑到目前网络市场上杯子的销售情况及店铺刚起步，小营把年销售目标确定为2.4万元，在不亏本的情况下实现小幅盈利。2月份进行准备工作，包括行业分析、竞争对手分析、产品布局，从3月份开始正式运营。考虑到产品的淡旺季问题，选择玻璃杯和保温杯两类产品，以保证全年有旺季商品销售。网店销售目标分解计划表见表1-12。

表1-12　网店销售目标分解计划表

月份	3月	4月	5月	6月	7月	8月	9月	10月	11月	12月	1月	2月
分解指标（元）	1 000	1 500	1 500	2 000	2 000	2 000	1 500	3 000	3 000	3 000	2 500	1 000

6、7、8月是玻璃杯的销售旺季，10、11、12月是保温杯的销售旺季，这几个月指标定得稍微高一些；2月为春节，指标下调。

二、运营团队建设

刚运营的店铺规模较小，为了降低运营成本，可以只设运营、推广、美工、客服各1名人员以保证网店的基本运营（见表1-13），后期随着店铺的发展可不断添加人手。

表1-13　运营团队

岗位	职责	人员
运营	协调各岗位工作，制订全年目标和计划，负责产品选款、定价并进行营销（兼职文案、财务工作）	小营
推广	负责产品淘宝站内外的引流、SEO、直通车推广、活动报名及其他推广等	小广

续表

岗位	职责	人员
美工	负责图片处理，主图、海报、商品详情页设计，活动页、专题页及整个店铺的装修等	小美
客服	负责售前整理常见问题、咨询导购，售中订单处理，售后退换货等	小服

三、运营费用的预算规则

缴纳 1 000 元保证金；因资金支持有限，不购买店铺工具，尽量用免费工具，待有盈利时再考虑购买店铺工具；开通直通车充值 500 元。总共 1 500 元预算投入。

四、前期具体工作安排 （2周）

前期具体工作安排见表1-14。

表 1-14　前期具体工作安排

工作岗位	工作名称	工作内容	说明	人员
运营	选款定价	市场数据分析，竞争产品分析，进行选款定价	制作产品型号说明、产品成本表等	小营
	标题优化	对选好的 10 款产品进行标题优化	每个标题要能充分利用 30 个字符，突出产品特点、卖点等	小营
美工	店铺装修	电脑端和手机端的店铺首页装修	确定店铺风格、主色调，重点优化手机端店铺首页	小营、小美
	产品描述页	为每一款产品挖掘卖点，撰写营销文案，优化设计页面	美工配合运营优化，将流量最大限度地转化成订单	小营、小美
推广	产品上架	产品分类，上传图片，上架 10 款产品进行销售	注意优化上架时间	小广
客服	客服培训	客服学习产品知识	熟悉产品，设置快捷语	小服

◉ 同步实训

任务描述

在进行了台灯行业分析、竞争对手分析后，小明决定找几个同学一起开设一家台灯淘宝个人店铺，请你为他组建运营团队。

操作指南

（1）岗位工作能力分析。

请在自己具备的工作能力相应项目处打"√"，工作能力稍弱的相应项目处打"○"。哪个岗位打的"√"多，说明适合做哪个岗位的工作；哪个岗位打的"○"多，说明具有适合哪个岗位的潜力。

岗位	能力要求	具备	稍弱
运营	定位市场的能力		
	查看数据的能力		
	诊断店铺的能力		
	布局产品的能力		
	全局把控的能力		
	人群定位的能力		
	营销策划的能力		
	数据汇总的能力		
拍摄	拍摄技术		
	一定的构图能力		
文案策划	撰写软文的能力		
	卖点挖掘的能力		
美工	图片处理的能力		
	把握色彩的能力		
	创意构思的能力		
	良好的审美观		
	文字功底		
	视频制作的能力		
推广	使用推广工具的能力		
	学习能力		
	探索创新能力		
	分析汇总能力		
	团队沟通能力		
	借势营销的能力		
客服	语言组织能力		
	耐心		
	快速打字能力		
	熟悉产品知识		
	熟悉淘宝天猫规则		
	熟悉物流快递		

（2）列出能胜任的工作岗位。

_____

（3）找到具备不同岗位工作能力的同学组成一队（4～5 人），明确分工，填好表格。

工作岗位	岗位职责	人员

任务评价

评价内容	分值	评价		
		自我评价	小组评价	教师评价
明确知道自己的岗位工作能力	20			
熟悉运营团队岗位设置	20			
运营团队组建合理	40			
人员明确，分工合理	20			
合计	100			

情境总结

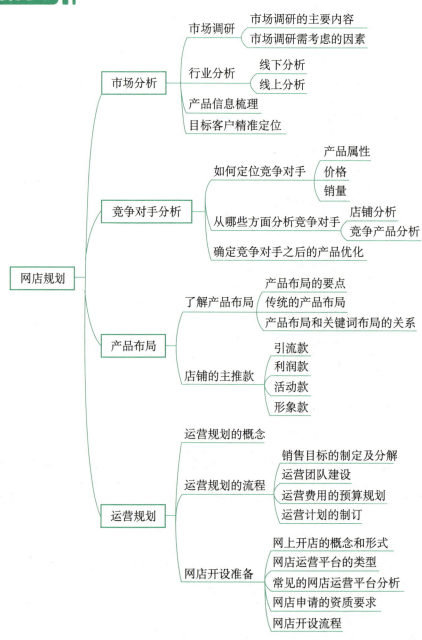

基础训练 ||

制订网店运营规划

一、实训任务

请根据网店运营规划要点，制订台灯网店运营规划。

二、任务实施

1. 销售目标的制定及分解

（1）销售目标。

_____

_____

（2）制定该销售目标的理由。

_____

_____

（3）销售目标分解表。

月份	月	月	月	月	月	月	月	月	月	月	月	月
分解指标（元）												

（4）销售目标分解的理由。

_____

_____

2. 运营团队建设

（1）计划设定哪些岗位？理由是什么？

_____

_____

（2）岗位职责及人员分配。

工作岗位	岗位职责	人员

3. 运营费用的预算规划

项目	预算费用

4. 前期具体工作安排

工作名称	工作内容	说明	人员	完成时间

三、任务评价

评价内容	分值	评价		
		自我评价	小组评价	教师评价
制定销售目标的理由充分	10			
销售目标分解合理	20			
运营团队分工合理	30			
运营费用的预算规划理由充分	20			
前期具体工作安排合理、详细	20			
合计	100			

⭐ 拓展训练 ▌▌

通过对本情境的学习，请你从行业分析、竞争对手分析、产品布局、团队建设等方面为自己的店铺进行运营规划。

💻)) 在线资源 ▌▌

拓展学习

关键词点击

互动练习

学习情境二

网店常规

▶ 情境介绍 ▮▮

通过前期的筹备和规划，小营对网店经营有了初步的了解，也已经开通了自己的网店。他发现开网店其实是个很复杂的过程，店铺包装必不可少。"人靠衣裳马靠鞍"，漂亮的店铺不但能吸引顾客的眼球，自己打理起来也心情舒畅，因此网店也需要精心装潢。买家主要通过主图来了解商品，因此为商品拍摄完美的主图至关重要；买家进入商品页面后，符合他们审美习惯和满足他们信息需求的详情页能够激发他们的购买欲望，所以卖家需要做好商品的详情页优化。此外，商品上下架的布局直接影响着商品在搜索页面中的排名等，卖家也需要予以重视。

✓ 学习目标 ▮▮

● **知识目标**

1. 了解和学习标题优化知识。
2. 了解并掌握主图、详情页优化方法。
3. 了解和学习商品上下架布局方法。

● **技能目标**

1. 能够运用所学的知识进行标题优化。
2. 能够运用所学的知识进行主图、详情页优化。
3. 能够运用所学的知识进行商品上下架布局。

● **素养目标**

1. 树立文化自信，增强社会责任感和使命感，弘扬爱国主义精神。
2. 培养坚持不懈的匠心精神。

▶ 任务一　标题优化

📹 任务导入

小营的淘宝店铺经营的产品是玻璃杯。在经营过程中他发现，客户想要找到商家的宝贝，正常入口是在淘宝网首页输入关键词进行搜索，宝贝在搜索结果页面展现。为了节省成本，自然搜索等免费流量的提升成为普通淘宝店店主的首要选择，而优化标题则是优化自然搜索的第一步。

小营逐渐认识到，标题是需要不断优化的，不是做好了标题放在那里就可以不用再管了，而是要通过不断的后续优化才能真正达到提高流量的目的。因此，标题优化成为他当前迫切需要做好的工作。

作为新手，小营很担心自己把握不好标题优化的细节，从而影响商品流量和展现，进而影响店铺的转化成交。根据标题优化的需要，小营制定了以下任务单（见表2-1）。

表2-1　任务单

岗位	工作项目	具体要求	完成时限	验收
运营	标题优化	为骑士魔法玻璃杯写作标题并优化	2课时	
美工	主图、详情页设计	为骑士魔法玻璃杯制作主图和详情页	2课时	
客服	熟悉商品卖点	掌握骑士魔法玻璃杯的卖点	2课时	
推广	关键词收集	为骑士魔法玻璃杯的标题收集关键词	2课时	
验收人				

⊚ 知识探究

很多新手卖家在标题优化实践过程中，急匆匆地为宝贝填写了一个自己觉得非常好的标题，然后为了提升店铺宝贝的搜索流量使出浑身解数，比如优化主图、降低价格、参加活动等。最初，这些方法好像起到了作用，但时间长了却发现其实作用不大。

对于新手卖家来说，问题在于忽略了宝贝标题的重要性，使得店铺的免费流量一直处于瓶颈之中，难以有较大的突破。

宝贝标题是宝贝搜索流量的入口，买家之所以能够搜索到宝贝，是因为宝贝标题里面包含了相应的关键词。宝贝标题就是由一个一个的关键词组合拼凑而成的。买家在购物时，只有通过搜索宝贝标题里存在的关键词，才能搜索到宝贝。

一、确定核心关键词

1. 什么是核心关键词

买家通过搜索某个词找到要购买的产品，这个词就是关键词。核心词是能精准表达产品且字数比较少的词，如果把这个词拆分，意思就会变。核心关键词有以下几类：核心词＋属性词，如"连衣裙雪纺"；核心词＋营销词，如"连衣裙包邮"；核心词＋品牌词，如"连衣裙 ONLY"。

2. 什么样的词不适合作为核心关键词

（1）和子类目不符的核心词。例如，卖家是卖女童棉衣的，而"棉衣"是一个涵盖范围很广的词，不属于童装精准核心关键词。

（2）过多修饰的词，这样的词搜索指数较低。例如，"新潮中长款女童加厚保暖棉衣"。

（3）与宝贝属性不相符的词。例如，宝贝属性是"宽松"，则"修身"这样的词不可以作为核心关键词来使用。

3. 什么样的词可以作为核心关键词

（1）行业的精准热搜词。例如，"女童棉衣"。

（2）精准热词＋属性词。例如，"女童棉衣韩版""女童棉衣中长款""女童棉衣加厚"等。

4. 如何收集核心关键词

收集核心关键词的渠道有很多，常见的有系统推荐词、下拉框词等。但用这些方法选择的词几乎都缺乏数据作为支撑，只能勉强凑成一个标题，离一个优秀的标题还差得很远。收集核心关键词，需要数据作为判断的依据。

（1）在搜索条下拉框中找核心关键词，其缺点是没有后台数据支撑。如图 2－1 所示。

图 2－1　在搜索条下拉框中找核心关键词

（2）在生意参谋"选词助手"中找核心关键词。包括：引流搜索关键词、竞店搜索关键词、行业相关搜索词等。如图 2－2 所示。

5. 利用数据确定核心关键词

（1）查询核心关键词。

打开"生意参谋—流量—选词助手"，在行业相关搜索词中输入宝贝的核心关键词，

图 2-2　选词助手核心关键词

如"女西装"，可以看到相关数据。选择最近 7 天的数据，点击"行业相关搜索词"，选择"全网搜索热度""全网搜索人气""商城点击占比""全网商品数"等指标，如图 2-3所示。

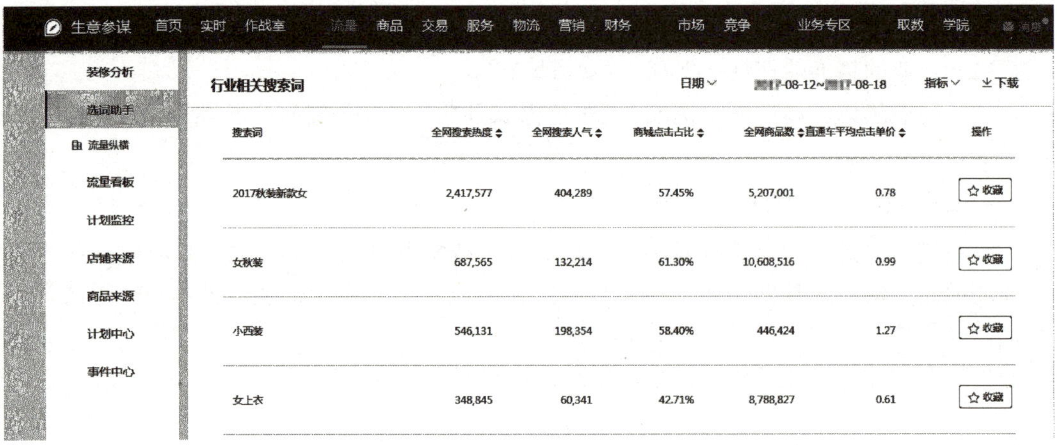

图 2-3　核心关键词"女西装"的数据

数据查询完成后，点击"下载"，就可以保存数据。

（2）选出全网竞争力最强的词。

按"全网搜索人气""商城点击占比""全网点击率""全网商品数"等指标从高到低排序，逐一筛选出搜索人气高、商城点击占比低、点击率高、在线商品数少的关键词。同时，这些关键词自身的属性一定要与宝贝相关，这样的关键词才是精准的关键词，才能够给店铺带来转化。精准的关键词，如图 2-4 所示。

对数据不好的词进行剔除：搜索人气太低的词，没有需求；点击率低的词，有展现，但没有流量；支付转化率低的词，有流量，但没价值；在线商品数太高的词，竞争太激烈。关于商城点击占比的筛选，如果是 C 店（个人店铺、集市店铺），去除商城点击占比高的词；如果是 B 店（天猫商城店铺），则留下商城点击占比高的词。

	A	B	C	D	E
1	关键词	全网搜索人气	商城点击占比	全网点击率	全网商品数
2	女秋装	1342170	60.19%	122.13%	17417401
3	2023秋装新款女	624604	55.81%	134.64%	8536844
4	小西装	289628	59.07%	91.51%	545951
5	西装	128826	62.33%	116.55%	1961816
6	女秋装新款	109160	60.80%	121.42%	9815139
7	小西装女外套	92306	49.32%	139.75%	193214
8	女上衣	72103	43.75%	137.10%	9808460
9	女长袖上衣	26220	51.79%	137.24%	2847863
10	女毛衣	24021	55.54%	137.08%	3146978
11	西装外套	23469	29.18%	183.38%	1148510
12	女短裤	19381	52.47%	120.96%	3085793
13	休闲西装	18235	69.96%	105.30%	632987
14	女秋装上衣	17966	65.49%	120.48%	3306763
15	外套 女	14928	44.22%	171.76%	8410134
16	女衣服	9785	66.85%	92.19%	3085117
17	格子西装	8975	27.19%	170.89%	116027
18	女西装	7814	52.33%	129.98%	1327913

无线端 pc端

图 2-4 精准的关键词

（3）留下最精准的词。

不精准的词会影响转化，而且影响用户体验。

（4）提取关联修饰词。

筛选出精准的衍生词后，一般情况下，很难凑够 30 个字符。一个宝贝有五六个精准的衍生词，总共会有 20 个左右字符，剩下的就需要用关联修饰词去填充标题。

二、标题的组合原则

微课：标题优化

1. 紧密排列优选原则

以关键词"夏季女裙学生学院风"为例，当买家搜索"夏季女裙学生学院风"这个关键词时，标题里包含"夏季女裙学生学院风"关键词的宝贝会展示在标题里包含"夏季学院风女学生裙"关键词的宝贝前面。

2. 前后无关原则

当买家搜索"夏季女裙学生"时，不论卖家的标题里面填写的是"夏季女裙学生学院风"还是"夏季女裙学院风学生"，买家都可以搜索到。

3. 带空格的关键词可以拆分和调换位置原则

有空格的关键词，比如"夏季女裙学生 学院风"，可以拆分成"夏季女裙学生"和"学院风"，或者位置调换成"学院风　夏季女裙学生"。

4. 同一标题不要出现多个核心关键词，标题属性不要重复原则

例如"日韩女装夏2024新款潮女装吊带格子阔腿裤女装性感"，"女装"这个关键词重复出现。

5. 违禁词和极限词不要出现原则

如果标题中出现某个触犯广告法的违禁词，将受到淘宝平台的降权和扣分处罚。

一个优秀的标题是需要数据作为支撑的，优秀的标题不仅能够起到引流的作用，还能促进成交转化。

任务实施

小营想为自己店铺中的一件单品"骑士魔法玻璃杯"优化标题，如图 2-5 所示。

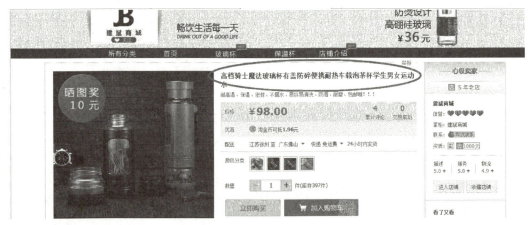

图 2-5　单品"骑士魔法玻璃杯"标题

具体操作步骤如下。

一、确定核心词

核心词一般选择类目词、产品词或者品牌词。一般日化用品或者线下品牌，以品牌词作为核心词的情况会比较多。小营确定的核心词为"玻璃杯"。

二、选出核心关键词

选出核心关键词有以下两种方法：

方法一：利用淘宝网首页搜索条下拉框，如图 2-6 所示。

图 2-6　利用淘宝网首页搜索条下拉框选择核心关键词

方法二：利用生意参谋中的"选词助手"模块，如图 2-7 所示。

图2-7　利用"选词助手"模块查询核心关键词

三、选出竞争力最强的词

在"选词助手"中下载数据，通过Excel对数据进行分析，在无线端分别剔除不适合自己产品的属性词，如图2-8所示。

	A	B	C	D	E
1	关键词	全网搜索人气	商城点击占比	全网点击率	全网商品数
2	玻璃杯	219505	57.34%	121.35%	1653126
3	咖啡杯	104053	34.53%	117.38%	582263
4	陶瓷杯	56896	39.42%	129.72%	1166756
5	果汁杯	39388	48.53%	110.51%	352940
6	玻璃	30159	35.32%	60.97%	8604872
7	泡茶杯	29306	83.84%	110.14%	562943
8	双层玻璃杯	22077	76.97%	117.73%	295795
9	富光玻璃杯	16750	92.18%	126.20%	19570
10	公鸡杯	13360	39.67%	158.80%	11130
11	塑料杯	12616	55.00%	102.54%	583503
12	企鹅杯	10864	34.66%	88.45%	27603
13	希诺玻璃杯	10240	50.71%	96.37%	8576
14	透明玻璃杯	6916	38.52%	118.70%	352660
15	ulzzang玻璃杯	3736	3.39%	101.41%	1815
16	果汁玻璃杯	2566	32.04%	123.54%	197560
17	大玻璃杯	2450	43.92%	106.15%	279798
18	水晶玻璃杯	2320	61.84%	99.40%	164804
19	玻璃泡茶杯	2263	78.27%	114.16%	342824
20	家用玻璃杯	2231	40.92%	131.17%	314477
21	玻璃保温杯	2217	84.10%	116.26%	82228
22	小玻璃杯	2105	31.11%	101.99%	126290
23	耐热玻璃杯	2025	54.13%	142.72%	520794
24	宜家玻璃杯	1969	2.82%	154.96%	6806
25	单层玻璃杯	1789	49.25%	111.54%	38164
26	磨砂玻璃杯	1633	20.24%	129.39%	44118
27	彩色玻璃杯	1495	36.78%	123.64%	32723
28	迷你玻璃杯	1399	20.40%	119.66%	47970
29	可爱玻璃杯	1284	41.61%	140.13%	225376
30	耐高温玻璃杯	1261	57.29%	109.00%	123968
31	隔热玻璃杯	1180	66.89%	124.99%	86488
32	进口玻璃杯	731	64.15%	154.36%	50514
33	韩国玻璃杯	670	25.78%	176.75%	113031

pc端　无线端

图2-8　无线端的七天数据热搜修饰词

四、留下最精准的词

图2-9所示为无线端筛选后的关键词。

	关键词	全网搜索人气	商城点击占比	全网点击率	全网商品数
1					
2	玻璃杯	219505	57.34%	121.35%	1653126
3	泡茶杯	29306	83.84%	110.14%	562943
4	双层玻璃杯	22077	76.97%	117.73%	295795
5	透明玻璃杯	6916	38.52%	118.70%	352660
6	果汁玻璃杯	2566	32.04%	123.54%	197560
7	大玻璃杯	2450	43.92%	106.15%	279798
8	水晶玻璃杯	2320	61.84%	99.40%	164804
9	玻璃泡茶杯	2263	78.27%	114.16%	342824
10	家用玻璃杯	2231	40.92%	131.17%	314477
11	玻璃保温杯	2217	84.10%	116.26%	82228
12	小玻璃杯	2105	31.11%	101.99%	126290
13	耐热玻璃杯	2025	54.13%	142.72%	520794
14	宜家玻璃杯	1969	2.82%	154.96%	6806
15	单层玻璃杯	1789	49.25%	111.54%	38164
16	磨砂玻璃杯	1633	20.24%	129.39%	44118
17	彩色玻璃杯	1495	36.78%	123.64%	32723
18	迷你玻璃杯	1399	20.40%	119.66%	47970
19	可爱玻璃杯	1284	41.61%	140.13%	225376
20	耐高温玻璃杯	1261	57.29%	109.00%	123968
21	隔热玻璃杯	1180	66.89%	124.99%	86488
22	进口玻璃杯	731	64.15%	154.36%	50514
23	加厚玻璃杯	600	60.15%	145.58%	238882
24	杯子玻璃杯	323	58.41%	94.21%	704718
25	学生玻璃杯	263	54.67%	145.04%	267417
26	韩版玻璃杯	257	35.77%	121.16%	100294
27					

pc端 无线端

图2-9 无线端筛选后的关键词

五、提取关联修饰词

筛选出精准的核心关键词后，因为很难凑够30个字符，剩下的就用关联修饰词去填充，如图2-10所示。

掌柜热卖　双层玻璃杯　魔法瓶　过滤便携双层玻璃杯　泡茶加厚双层玻璃杯　泡茶便携双层玻璃杯　创意便携双层玻璃杯

图2-10 提取关联修饰词

六、组合标题

在前面这些工作的基础上，开始组合标题，组合后的标题为：新款骑士双层魔法瓶户外隔热耐高温防摔创意泡茶便携隔热玻璃杯。

七、检测优化的关键词

通过在淘宝网首页搜索，检测关键词优化是否恰当。如果通过搜索，淘宝网提供的一些结果词和"您是不是想找"的词都是跟自己的关键词相关的，说明标题优化得比较符合淘宝网的抓词习惯，如图2-11所示。

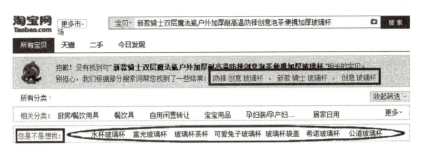

图 2-11　检测优化的关键词

同步实训

任务描述

请你帮助小明为单品号为 A628 的单品进行标题组合优化。A628 单品的信息如下：

项目	内容	项目	内容	项目	内容
品牌	冠雅	光源类型	LED	电池容量	500mAh
产品名称	可移式 LED 灯具（台式/夹式）	光源颜色	白色	功率	6~10W
单品号	A628	开关类型	触摸开关	电压	≤36V
质保年限	3 年	灯光调节	三挡触控调光	灯具是否带光源	带光源
材质	ABS	电池类型	USB 口充电电池	底座	台式底座

操作指南

第一步	确定核心词	
第二步	选出核心关键词	
第三步	选出竞争力最强的词	

关键词	全网搜索人气	商城点击占比	全网点击率	全网商品数
可爱台灯	113	23.96%	138.70%	73237
木质台灯	27	23.47%	169.94%	13070
韩版台灯	6	0.00%	50.00%	2502
外贸台灯	9	7.14%	107.69%	2345
小型台灯	32	5.88%	84.16%	9189
学生台灯	538	83.01%	112.37%	390898
台灯	34716	65.54%	113.52%	1542805
台灯 包邮	3	54.10%	321.05%	71345
台灯批发	10	0.00%	78.72%	1218
美式台灯	462	61.83%	210.54%	117373
折叠式台灯	29	74.26%	87.07%	43028
圆形台灯	23	22.00%	92.59%	40987
欧式台灯	604	62.89%	176.19%	178264
出口台灯	3	0.00%	0.00%	5568
12V台灯	5	0.00%	33.33%	4349
时尚台灯	12	30.00%	74.07%	97695
便携台灯	42	89.32%	77.44%	45636
品牌台灯	6	100.00%	102.17%	1599
圆台灯	2	28.57%	63.64%	51693
折叠台灯	193	73.62%	88.25%	130699
便携式台灯	38	51.22%	134.43%	28988
二手台灯	6	0.00%	106.67%	354
进口台灯	7	7.69%	65.00%	4150
充电式台灯	182	84.02%	109.21%	103650
可调台灯	8	40.00%	78.95%	78289
家用台灯	57	47.75%	64.53%	30306
插电台灯	119	63.73%	101.92%	128124
多功能台灯	49	68.29%	50.00%	21356
高档台灯	8	65.91%	118.92%	21526
彩色台灯	13	25.00%	30.77%	5791
miniso台灯	26	0.00%	113.41%	340
韩式台灯	11	16.13%	216.28%	11129
工作台灯	118	53.65%	107.88%	94773
220V台灯	4	0.00%	50.00%	8229
小台灯	2800	58.96%	104.09%	553907
特价台灯	5	10.00%	230.77%	17835
卧室台灯	956	43.26%	144.97%	771036
台灯 代购	1	33.33%	50.00%	8762
夹式台灯	192	71.29%	110.10%	35573
日本 台灯	7	0.00%	11.11%	2958

pc端　无线端

续表

第四步	留下 最精准的词	
第五步	提取关联 修饰词	
第六步	组合标题	
第七步	检测优化的 关键词	

任务评价

评价内容	分值	评价		
		自我评价	小组评价	教师评价
确定的核心词准确	10			
选出的核心关键词合理	20			
竞争力最强的词选择准确	20			
最精准的词选择准确	10			
提取的关联修饰词准确、合理	10			
组合标题合理	20			
优化的关键词检测方法准确	10			
合计	100			

▶ 任务二　主图、详情页优化

📹 任务导入

　　小营发现标题优化成功后，主图、详情页的优化迫在眉睫。他希望自己的宝贝在众多的商品中能抢先抓住买家的眼球，吸引买家点击宝贝产生流量。宝贝主图是吸引买家眼球的关键，它除了要展现产品信息之外，更要做到人无我有、人有我优；详情页则要做到挖掘产品本身的卖点，并放大、突出卖点。现在小营需要对店铺的宝贝"骑士魔法玻璃杯"进行主图、详情页优化，他制定了下面的任务单（见表2-2）。

表 2-2 任务单

岗位	工作项目	具体要求	完成时限	验收
运营	主图、详情页优化	为骑士魔法玻璃杯制定主图、详情页优化指导方案	2课时	
美工	主图、详情页修改设计	根据制定的指导方案修改主图和详情页	2课时	
客服	抓住产品卖点服务买家	引导买家关注骑士魔法玻璃杯的主图和详情页上的卖点	2课时	
推广	协助运营	协助运营制定主图、详情页优化方案	2课时	
验收人				

知识探究

主图相当于产品的宣传照，详情页的图片、文字等则相当于产品的简历，它既能够向买家介绍该款产品的情况，又能够激起买家的购买欲望，促使买家下单购买。

一、主图优化

1. 主图的基本要求

（1）淘宝平台上的不同类目对主图的要求有所不同，总体要求是：主图必须为实物拍摄图，图片大小在800像素×800像素以上（自动拥有放大镜功能）；至少发布两张主图；所有主图不得拼接，不得出现任何形式的边框，不得出现水印。设计上受买家欢迎的主图如图 2-12 所示。

（2）Logo 一般放在主图左上方，且 Logo 大小在固定比例以内，宽度在图片大小的 2/5 以内，高度在图片大小的 1/5 以内，如图 2-13 所示。

图 2-12 设计上受买家欢迎的主图

图 2-13 有 Logo 的主图

（3）主图的侧重点各有不同，比如发布 5 张主图时，其侧重点依次是吸引点击、差异化卖点、宝贝细节、促销文案、买家晒图或场景展示等，如图 2-14 所示。

图 2-14　5 张主图的展示

2. 主图的设计思路

（1）研究同行的宝贝，提炼出不同的卖点，有差异才能吸引买家。例如，同样是销售三文鱼，下面两幅图（见图 2-15）的设计，从视觉上看，明显右图更能使人产生食欲。

（2）跨类目借鉴其他产品，同时考虑自身的产品及产品的目标客户人群与这种图文风格是否搭配。例如，如图 2-16 所示，同样是销售登山鞋，在主图设计上，左图直白，右图的风格则考虑了产品的目标人群。

图 2-15　三文鱼产品的主图

图 2-16　登山鞋产品的主图

（3）主图要展现出一种消费驱动力，买家的每一次购买行为背后都有驱动力。比如防雾霾口罩主图设计的卖点就是宝贝能很好地防尘、防霾、透气，如图 2-17 所示。

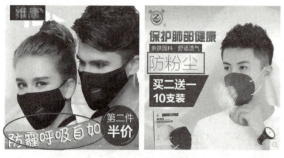

图 2-17　口罩产品的主图

（4）在主图中，无论是文案、图片还是拍摄角度、拍摄场景，都要有买家看一眼就能被吸引的地方，而且吸引眼球点要和卖家自身的产品相关。例如，图 2-18 中，左图明显更真实，更能吸引眼球。

图 2 - 18　吸引眼球的主图对比

（5）主图上显示价格信息或者促销信息，能提高转化率和点击率，如图 2 - 19 所示。

图 2 - 19　显示价格信息或者促销信息的主图

（6）主图中凸显的卖点要与关键词相匹配，比如买家搜索关键词"缓震跑鞋"，说明买家对于跑步时膝盖和脚踝的保护是非常看重的。"缓震"是利益点，也是促进买家点击和转化的关键所在。因此，在相关产品主图中可凸显这一卖点，如图 2 - 20 所示。

图 2 - 20　凸显卖点的主图

3. 主图的设计细节

（1）版式。主图中宝贝摆拍常用的版式有左右排版、中心对称、中心环绕、上下排版等，如图 2 - 21 所示。

（2）配色用色。如图 2 - 22 所示，相较于前面两张主图，第三张颜色偏深，视觉停留点就在这张图片上。

（3）文案排版位置。主图的文案信息位置常见的有置上和沉底两种形式，如图 2 - 23 所示。

左右排版　　　　　　　中心对称　　　　　　　中心环绕　　　　　　　上下排版

图 2-21　主图摆拍版式

图 2-22　巧用配色的主图

图 2-23　主图的文案排版位置

（4）文字的排列组合。主图文字的排列主要有横式、竖式、横竖混排、倾斜式，如图 2-24 所示。此外，还有框架式、复合式等。

横式　　　　　　　　　竖式　　　　　　　横竖混排　　　　　　　倾斜式

图 2-24　主图文字的排列组合

设计主图的要领可以总结为十六个字：文案吸引，卖点突出，人无我有，人有我优。

二、详情页优化

一个非常有吸引力的详情页，不仅能瞬间刺激买家的视觉，激发其继续浏览网页的欲望，还能提高商品的成交量和收藏量。宝贝详情页的好坏直接决定着宝贝的转化率。

1. 详情页页面的基本框架优化

详情页是买家进入店铺后了解产品的渠道，卖家设计详情页时需要有个基本框架，并对基本框架进行优化设置。图 2-25 所示是现在卖家比较认同的优化后的详情页页面基本框架。

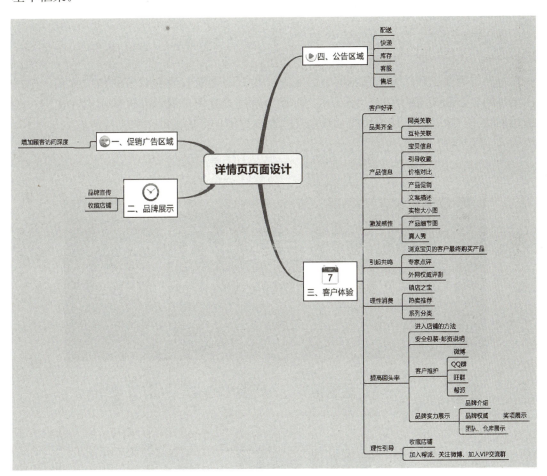

图 2-25　优化后的详情页页面基本框架

2. 详情页数据优化

进入"生意参谋"—"流量"—"流量概况"，可查看店铺的平均停留时长与跳失率。平均停留时长越长越好，数值越大，表示买家对宝贝关注越多；跳失率越低越好，数值越大，表示买家越不想继续浏览店铺的宝贝。如图 2-26 所示，某店铺 7 天之内跳

失率高达 91.67%，说明买家非常不想再浏览该店铺宝贝；平均停留时长 51 秒，说明买家停留的时间也不够长。

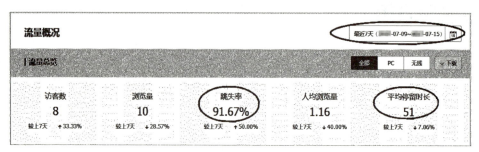

图 2-26　某店铺的跳失率和平均停留时长

3. 详情页描述优化

详情页描述可分为从人的角度的描述和从物的角度的描述。

（1）从人的角度，即买家需求的角度描述。

首先，需要了解什么信息能够吸引买家、什么信息能够激起买家的购物欲望，挖掘出宝贝的卖点和买家的痛点。图 2-27 所示为通过买家评价展示宝贝的卖点和优点。要通过图片让买家一目了然地快速了解宝贝的卖点与优点，进而产生购买行为。

图 2-27　通过买家评价展示宝贝的卖点和优点

其次，要突出产品质量及产品优势，使买家对产品有更深入的了解，通过核心卖点的呈现来增强买家的购买冲动。图 2-28 所示为某款耳机核心卖点。

最后，可以与同行产品进行对比，如图 2-29 所示，将自家产品和同行产品进行对比，使买家更加直观地了解自家产品的优点，但要注意不要贬低同行。

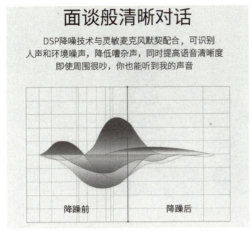

图 2-28　某款耳机核心卖点

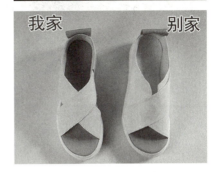

图 2-29　与同行产品对比

（2）从物的角度，即产品属性的角度描述。

买家在购物的时候需要了解产品的具体信息，如产品基本属性、快递说明、退换协议等。图 2-30 所示为售后服务承诺。

售后服务

图 2-30　售后服务承诺

对宝贝的描述，基本要求是表达清楚，并赋予宝贝感性特征，把买家带入情感环境中。描述宝贝的属性时要突出重点、勾画亮点，并做到真实、不浮夸，多展示细节图。图 2-31 所示为某款烤箱的细节图。

微课：主图、详情页优化

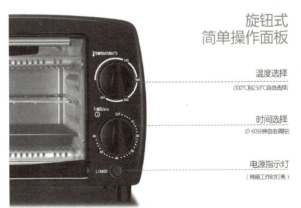

图 2-31　某款烤箱的细节图

4. 详情页设计技巧优化

（1）提高专业性。从视觉角度，要求细节表达清晰，挖掘买家痛点，如图 2-32 所示的护发素。

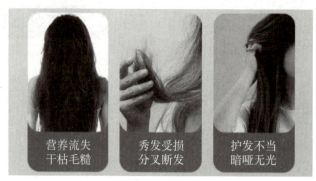

图 2 - 32　挖掘买家痛点

（2）风格一致。详情页风格要和主图风格一致。

（3）图标化。比如某款 T 恤主打速干、透气，可以在图片上标明"速干　透气"，让人一看就能明白，如图 2 - 33 所示。

图 2 - 33　图标化

图 2 - 34　色差对比

（4）色差对比。不少卖家会收到一些这样的评价："这个颜色不是我想要的""我买的跟描述的颜色不一样"。用色差对比可以解决这个问题，如图 2 - 34 所示。

在进行主图、详情页优化时，要将自家店铺的数据与同行数据进行比较，深入分析具体数据，以数据作为页面优化的依据，而非凭感觉盲目地去修改。

德技并修·知法守法

根据《中华人民共和国著作权法》第五十二条的规定，有下列侵权行为的，应当根据情况，承担停止侵害、消除影响、赔礼道歉、赔偿损失等民事责任：

（1）未经著作权人许可，发表其作品的；

（2）未经合作作者许可，将与他人合作创作的作品当作自己单独创作的作品发表的；

（3）没有参加创作，为谋取个人名利，在他人作品上署名的；

（4）歪曲、篡改他人作品的；

（5）剽窃他人作品的；

（6）未经著作权人许可，以展览、摄制视听作品的方法使用作品，或者以改编、翻译、注释等方式使用作品的，本法另有规定的除外；

（7）使用他人作品，应当支付报酬而未支付的；

（8）未经视听作品、计算机软件、录音录像制品的著作权人、表演者或者录音录像制作者许可，出租其作品或者录音录像制品的原件或者复制件的，本法另有规定的除外；

（9）未经出版者许可，使用其出版的图书、期刊的版式设计的；

（10）未经表演者许可，从现场直播或者公开传送其现场表演，或者录制其表演的；

（11）其他侵犯著作权以及与著作权有关的权利的行为。

🔲 任务实施

小营想对自己店铺中的骑士魔法玻璃杯进行主图、详情页优化。

第一步：查看"生意参谋"—"品类"—"商品 360"—"销售分析"，如图 2-35 所示，通过商品访客数、商品浏览量、平均停留时长、商品详情页跳出率等数据可以看出主图、详情页是否需要修改。

图 2-35　商品 360 数据概况

第二步：打开骑士魔法玻璃杯主图、详情页，如图 2-36 所示。

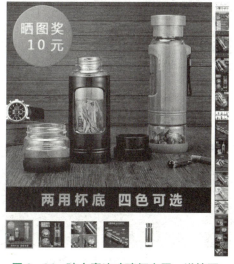

图 2-36　骑士魔法玻璃杯主图、详情页

第三步：小营给出骑士魔法玻璃杯主图、详情页的优化方案，如表2-3所示。

表2-3 骑士魔法玻璃杯主图、详情页的优化方案

序号	项目	存在的问题	修改方案
1	主图	没有以白色为底	主图为白底
2	主图	多个宝贝	展示一个宝贝
3	主图	卖点不突出	挖掘宝贝卖点，展示差异化
4	主图	5张主图的布局不合理	重新布局并构思
5	详情页	没有亮点	找出骑士魔法玻璃杯的亮点
6	详情页	没有宝贝泡茶细节图	增加泡茶细节图
7	详情页	没有买家评价	增加买家评价
8	详情页	没有试用报告	增加试用报告
9	详情页	没有质量报告图	增加质量报告图

第四步：小美根据小营提供的修改方案，修改主图。

（1）以白色为底，展示一个宝贝，如图2-37所示。

图2-37 白色底的商品展示

（2）挖掘宝贝卖点，展示差异化，如图2-38所示。

图2-38 挖掘宝贝卖点，展示差异化

（3）重新布局并构思5张主图，如图2-39所示。

第1张：普通的一个宝贝

图2-39 5张骑士魔法玻璃杯主图

第五步：小美根据小营提供的修改方案，修改详情页。

（1）找出商品亮点，如图 2-40 所示。

图 2-40　商品亮点

（2）增加泡茶细节图，如图 2-41 所示。

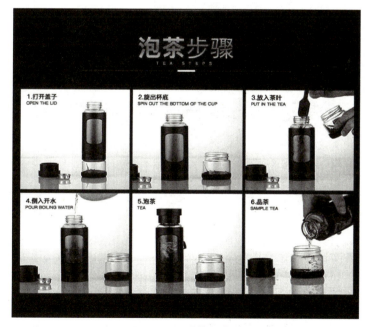

图 2-41　泡茶细节图

（3）增加买家评价详情，如图 2-42 所示。

（4）增加试用报告，如图 2-43 所示。

（5）增加质量报告图，如图 2-44 所示。

不错，太漂亮了，放车里正合适。
今天

颜色分类：勇气款550ml　心***4（匿名）

刚收到货，质量很好没的说，配件齐全，非常喜欢这个杯子

颜色分类：勇气款550ml　z***o（匿名）

今天

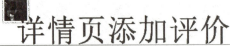

很酷的杯子
今天

颜色分类：乐天款550ml　v***q（匿名）

杯子还可以，不知那个环怎么用，能不能发个小视频教一教？
今天

颜色分类：坦诚款550ml　春***8（匿名）

图 2-42　买家评价详情

试用报告

由惊喜变成"惊吓"的一次试用！ 　　　　.04.26　　　　　　　　　　　　展开 ∨

试客背景　4月4号，听起来不是那么吉利的一天，但我收获了一份巨大的惊喜！6点多迷迷糊糊爬起来上厕所，随意看了一眼旺旺消息，真心怀疑...

试用过程　开包裹的过程中各种"惊吓"！直接上图各位看官自己感受！杯子手感不要太棒！个人比较喜欢有质感一点的杯子，就是说够重，够厚...

亮点推荐　感谢掌柜的给我这么个机会让我实现了第一次T,T,（申请试用成功），鉴于心情略激动，血压升高，导致语无伦次，看官们见谅，...

图 2-43　试用报告

图 2-44　质量报告图

▶ 同步实训

任务描述

小明想为自己店铺的宝贝"迷你宿舍台灯护眼台灯"进行主图、详情页优化，请你帮他完成这项任务。

操作指南

第一步：查看"生意参谋"—"品类"—"商品 360"—"销售分析"，相关数据显示，"迷你宿舍台灯护眼台灯"的主图、详情页需要修改。

第二步：查看"迷你宿舍台灯护眼台灯"主图、详情页。

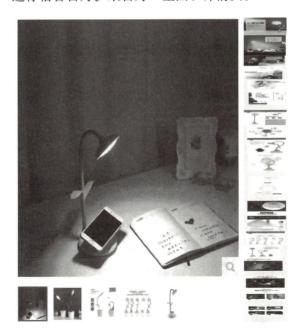

第三步：给出"迷你宿舍台灯护眼台灯"主图、详情页优化方案。

序号	项目	存在的问题	修改方案

第四步：根据主图的优化方案修改主图。

第五步：根据详情页的优化方案修改详情页。

任务评价

评价内容	分值	评价		
		自我评价	小组评价	教师评价
主图、详情页优化方案恰当、合理	60			
主图优化合理	20			
详情页优化合理	20			
合计	100			

▶ 任务三　上下架布局

📽 任务导入

超市的商品陈列是有技巧的，在网上开店，商品的上下架设计同样讲究技巧。如果能合理地安排商品上下架，就可以让自己的商品排名靠前。小营为做好商品上下架布局，制定了以下任务单（见表2-4）。

表2-4　任务单

岗位	工作项目	具体要求	完成时限	验收
运营	商品上下架布局	制作商品上下架时间表，并安排商品上下架时间	2课时	
美工	商品的排版	根据商品上下架时间安排商品在首页中的位置	2课时	
客服	熟悉商品上下架时间	熟悉引流款商品的上下架时间	2课时	
推广	关键词收集	确定所要优化款的关键词	2课时	
验收人				

知识探究

一、商品上下架原则

根据淘宝搜索排名规则，"宝贝下架时间"是搜索结果排名的重要影响因素，也就是说，距离下架时间越短，排名越靠前，所以对商品的发布时间进行优化非常重要。

商品上下架应把握以下原则。

1. 避开高峰期

最好不要选择在流量高峰期上架宝贝，因为小卖家在这个时间段上架肯定是难以跟大卖家抗衡的。

2. 设置 7 天上下架时间

淘宝网为了让中小卖家能够有展现的机会，设置了 7 天上下架时间，离下架时间越短，展现的位置就越靠前。

3. 平均分配商品上架时间

小卖家在上架商品的时候，可以在 14:00—16:30 和 19:00—23:00，每隔几分钟发布一个新商品。将商品分隔开来发布，那么在整个黄金时段内，都有即将下架的商品可以获得很靠前的搜索排名，带来的流量肯定也会大幅增加。

4. 同类商品分开上架

用数据包上架商品确实很方便，但是非常不利于获得靠前的搜索排名。例如，所有羊毛衫商品，如果在几分钟内用淘宝助理一次性上传，那么在以后的每周，只有一天的几分钟商品排在前面。其实可以把羊毛衫商品分成好多份，比如 14 份（7 天内每天两个黄金时间段），在每天的两个黄金时间段每隔几分钟上传一个，用 7 天时间全部上架完毕。这样一来，以后每天就会有羊毛衫商品在黄金时段排在搜索结果的前列。

二、商品上下架具体操作要点

微课：上下架
时间调整

1. 对行业访客时间进行分析

要注意的是，这里说的不是全网数据，而是自己所经营商品类目的行业数据。每个行业的高峰期会有所不同，所以要以自己所经营商品类目的行业数据为准，这样才能获得上下架优势。如果你卖的是水杯，却按照服装产品高峰期上下架商品，这样就不合理了，效果自然不会好。

2. 对类目商品销量进行分析

销量是商品上下架很重要的一个参考因素，要扬长避短，在能凸显销量优势的时间上下架，才会排名靠前。具体做法就是按照销量合理上下架，看看同类商品销量比自己少的店铺都是什么时候上下架，同时避开销量高的店铺。

例如，在淘宝网搜索宝贝"围巾"，属性选择"销量从高到低"，搜索结果靠前的位置就会出现销量高的商品，如图 2-45 所示，我们可以根据这些商品的上下架时间避开销量高的商品。

图 2-45 "围巾"销量从高到低的搜索结果

3. 对类目商品价格进行分析

结合价格优势合理上下架，和按照销量上下架的原理一样，找出能凸显价格优势的同类店铺做对比，其他店铺价格高，自己的店铺价格低，优势自然就有了。

例如，在淘宝网搜索宝贝"围巾"，属性选择"价格从低到高"，搜索结果靠前的位置就会出现价格低的商品，如图 2-46 所示，我们就可以根据这些商品的上下架时间合理安排自己店铺商品的上下架。

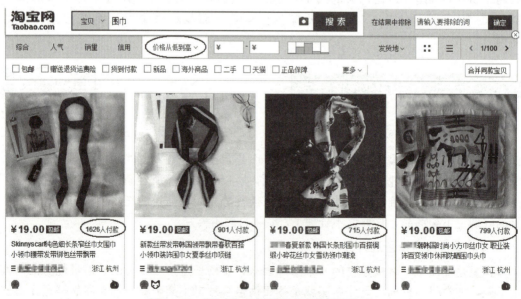

图 2-46 "围巾"价格从低到高的搜索结果

三、商品上架规则

卖家可根据商品上下架规划表，对商品进行统一上下架管理。总的来说，商品上架可根据以下规则进行：

（1）新品可在周一或周二上架，按已设定的计划进行自动调整。

（2）如果新品为主推款，在上架时可设定为固定橱窗推荐。

（3）定期检查主推款，分析行业数据，避开竞争高峰，重新优化上下架时间。

任务实施

小营准备为蘑菇杯查找最佳上下架时间。

一、找出商品的核心关键词

通过标题优化，得出蘑菇杯的核心关键词是：可爱迷你玻璃杯。

二、使用"店查查"查看同行商品的上下架时间

1. 安装"店查查"（数据仅供参考）

（1）打开 360 安全浏览器，搜索"店查查"官网，或输入网址 https：//dianchacha.com/chajian/，打开"店查查"插件安装界面，如图 2 - 47 所示。

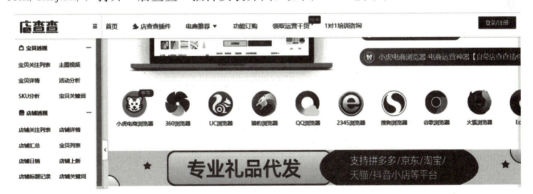

图 2 - 47　"店查查"插件安装界面

（2）点击"360 浏览器"安装插件，如图 2 - 48 所示。

图 2 - 48　360 浏览器安装"店查查"插件

2. 用核心关键词搜索竞争对手商品，查看其下架时间

进入淘宝网，搜索"可爱迷你玻璃杯"，在搜索结果中会显示商品的下架时间，或点击"详情页查看"就可以查看该商品的下架时间，如图2-49所示。

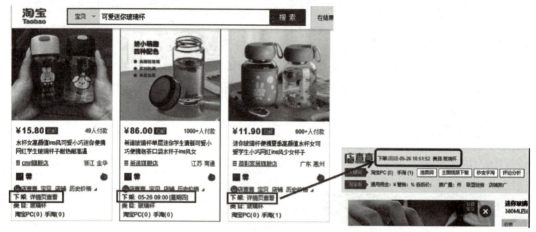

图 2-49　同行商品的下架时间

3. 统计同行商品的下架时间

根据搜索到的数据，统计出同行部分商品的下架时间，如表2-5所示。在统计的过程中要注意的是，直接搜索出来的商品不一定都是自己店铺的竞争对手，需要剔除没有该款蘑菇杯共同属性的商品，比如有提手的、不带杯套的、非迷你的杯子。

表 2-5　同行部分商品下架时间

序号	商品名称	下架时间
1	双层玻璃杯带茶滤手工玻璃加厚女用隔热泡茶创意猫咪办公杯子	星期五 10:37
2	可爱卡通龙猫风水杯韩版学生玻璃杯子儿童男女创意迷你便携保温杯	星期一 21:00
3	蘑菇杯子玻璃杯便携韩国可爱随手杯创意韩版迷你水杯女学生茶杯	星期一 9:45
4	韩国可爱儿童带盖吸管奶瓶成人玻璃杯宝宝防摔隔热迷你奶嘴小水杯	星期四 9:58
5	迷你小巧双层玻璃杯水杯子男女带盖便携花茶杯家用可爱水果随手杯	星期一 22:59
6	宽口女用随手杯迷你玻璃水瓶夏日便携式好看可爱的小型喝水杯子	星期日 7:55
7	韩国小清新玻璃杯可爱女学生简约创意潮流便携迷你个性随手水杯子	星期三 22:24

三、统计出部分玻璃杯商品的上架时间并列表

根据收集的数据，统计出部分玻璃杯商品的上架时间并列表，表格中的数字代表同一时间上架的商品数，如表2-6所示。

表 2-6　部分玻璃杯商品的上架时间表

上架时间	周一	周二	周三	周四	周五	周六	周日
0点							

续表

上架时间	周一	周二	周三	周四	周五	周六	周日
6 点	1						
7 点							
8 点	2			1			
9 点	3	2	4	2	4	1	2
10 点	8	4	4	8	6	2	1
11 点	1	3				2	
12 点	2		1	5			1
13 点	3		1	2	5		2
14 点			2	4	4	1	
15 点	2	9	1		2		1
16 点	5	7	3				
17 点	2	2	2				
18 点	1						1
19 点		4	2				
20 点		4	1			1	
21 点	5	6	5		1	2	1
22 点	3	3	2				2
23 点			2				

从表 2-6 中可以看到，周一的 10 点，周二的 15 点、16 点，周四的 10 点，周五的 10 点，上架商品较多，要避开这些时间段。结合访客访问淘宝网的黄金时间段可得出，该款蘑菇杯最合理的上架时间是周四的 21 点。

四、设置商品上架时间

1. 进入设置页面

新发布商品，可以在千牛"商品"—"我的宝贝"—"发布宝贝"中设置，如图 2-50 所示。

已发布的商品，点击"编辑商品"，如图 2-51 所示，即可进入商品的上架设置页面。

图 2-50　卖家中心的宝贝管理页面

图 2-51　点击"编辑商品"

2. 选择上架时间

如图 2-52 所示，"上架时间"下有三个选项。其中，选项"立刻上架"就是按现在的时间进行上架，选项"定时上架"就是设定某一时间进行上架，选项"放入仓库"就是把商品下架。卖家根据之前确定的商品上架时间进行选择即可。

售后服务

售后服务

☐ 提供发票

☐ 保修服务

☐ 退换货承诺

☑ 服务承诺：该类商品，必须支持【七天退货】服务

会员打折 ❓

◉ 不参与会员打折　　　◯ 参与会员打折

⭐ 上架时间 ❓

◉ 立刻上架　　　◯ 定时上架 ❓　　　◯ 放入仓库

图 2-52　商品上架时间设置

▶ 同步实训

任务描述

请你通过数据分析，为小明店铺的 LED 灯、折叠和充电式台灯进行上下架布局。

操作指南

（1）下载"千里眼"的插件，需要注意的是，不同的浏览器使用的"千里眼"插件安装包不一样，所以下载的时候要根据个人所用的浏览器来选择不同的安装包。安装完成后，使用"千里眼"查看同行店铺商品的上下架时间。

（2）制作同行店铺商品的下架时间表。

序号	商品名称	下架时间
1		
2		
3		
4		
5		
6		
7		

（3）制作商品上架时间表。

上架时间	周一	周二	周三	周四	周五	周六	周日
0 点							
6 点							
7 点							
8 点							
9 点							
10 点							
11 点							
12 点							
13 点							
14 点							
15 点							
16 点							
17 点							
18 点							
19 点							
20 点							
21 点							
22 点							
23 点							

注：用数字表示商品的上架数量。

（4）确定商品的上架时间计划。

任务评价

评价内容	分值	评价		
		自我评价	小组评价	教师评价
准确安装数据查看插件	25			
准确查看同行店铺商品的上下架时间	25			
准确制作商品上架时间表	25			
商品的上架时间计划合理	25			
合计	100			

情境总结

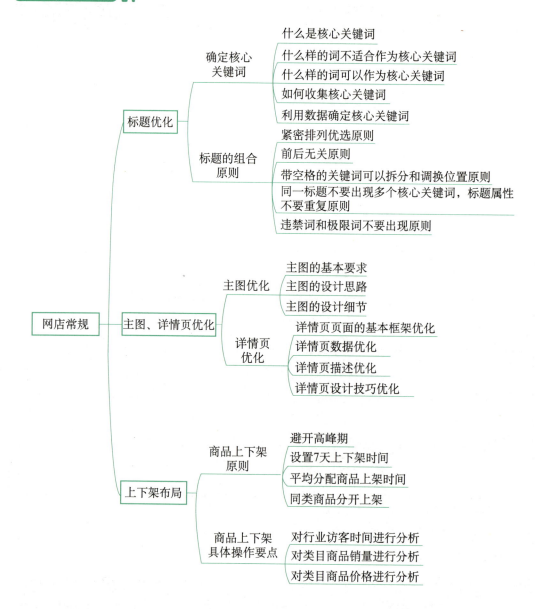

网店常规
- 标题优化
  - 确定核心关键词
    - 什么是核心关键词
    - 什么样的词不适合作为核心关键词
    - 什么样的词可以作为核心关键词
    - 如何收集核心关键词
    - 利用数据确定核心关键词
  - 标题的组合原则
    - 紧密排列优选原则
    - 前后无关原则
    - 带空格的关键词可以拆分和调换位置原则
    - 同一标题不要出现多个核心关键词，标题属性不要重复原则
    - 违禁词和极限词不要出现原则
- 主图、详情页优化
  - 主图优化
    - 主图的基本要求
    - 主图的设计思路
    - 主图的设计细节
  - 详情页优化
    - 详情页页面的基本框架优化
    - 详情页数据优化
    - 详情页描述优化
    - 详情页设计技巧优化
- 上下架布局
  - 商品上下架原则
    - 避开高峰期
    - 设置7天上下架时间
    - 平均分配商品上架时间
    - 同类商品分开上架
  - 商品上下架具体操作要点
    - 对行业访客时间进行分析
    - 对类目商品销量进行分析
    - 对类目商品价格进行分析

基础训练

制订网店每日常规工作计划

一、实训任务

请根据网店每日常规要点制订网店每日常规工作计划。

二、任务实施

网店每日常规工作计划

岗位	工作项目	具体内容	负责人	备注
运营	标题优化			
	上下架布局			
美工	主图优化			
	详情页优化			
客服	熟悉商品信息			
推广	为商品引流			

三、任务评价

评价内容	分值	评价		
		自我评价	小组评价	教师评价
标题优化合理	10			
主图、详情页优化合理	20			
上下架布局合理	30			
引流方法适合店铺商品	20			
熟悉商品信息有步骤	20			
合计	100			

拓展训练

通过对本情境的学习，请你从标题优化，主图、详情页优化，上下架布局等方面为自己的店铺进行网店常规优化。

在线资源

拓展学习

关键词点击

互动练习

学习情境三

营销工具

📺 情境介绍 ▐▐

　　小营的店铺已经完成了商品上架工作，正式进入运营环节。目前店铺访客量还比较少，小营首先要解决的问题是吸引更多的访客到店，他需要通过淘宝网提供的各类优惠促销工具完成引流工作；其次要借助用户运营工具制定针对不同用户人群的优惠方案以及运营好买家秀和问大家功能，增强与客户的互动，提高客户黏性，从而提高下单转化率；最后要通过淘金币的使用，精准引流，刺激客户订阅、购买和分享店铺商品，吸引更多的访客到店。

✅ 学习目标 ▐▐

● **知识目标**

1. 了解淘宝网常用优惠促销工具。
2. 了解用户运营中心平台的用户运营功能模块。
3. 了解常用的客户互动工具。
4. 了解淘金币营销工具。

● **技能目标**

1. 熟练使用各种优惠促销工具。
2. 掌握用户运营工具的使用方法。
3. 熟练使用各种客户互动工具。
4. 学会用淘金币开展营销活动。

● **素养目标**

1. 培养严谨细致的工作态度。
2. 培养对工作的责任意识。
3. 培养营销意识、数据思维。

▶ 任务一 优惠促销工具

📷 任务导入

与传统商店一样，网店也需要店主用心经营，因此，开展既适应网店实际情况又适应网络环境的优惠促销活动显得十分必要。在国庆节即将到来之际，小营决定针对店铺部分商品推出优惠促销活动，他制定了以下任务单（见表3-1）。

表3-1 任务单

岗位	工作项目	具体要求	完成时限	验收
运营	制定优惠促销方案	为店铺商品制定详细的优惠促销方案	2课时	
美工	制作促销图	根据运营给出的促销方案进行促销图制作	2课时	
客服	检查商品页面	检查商品页面，收集信息，为商品优惠促销提供数据参考	2课时	
推广	实施促销方案	把促销方案应用到本店铺中	2课时	
验收人				

◎ 知识探究

相关数据显示，2022年全国网上零售额已达到13.79万亿元，这个数字令人震撼，这也充分说明，网民的数量在不断增加，消费能力在不断增强。同时，很多人看到了电商市场的商机，纷纷加入电商创业的行列中来。如此一来，即便电商市场足够大，竞争也越来越激烈。如果没有优惠促销活动的带动，即便是老品牌网店，也很难抵挡中小型网店价格战的冲击。因此有人说，淘宝网一年365天都有优惠促销活动，问题的关键是怎样组织优惠促销活动，如何使用优惠促销工具。

一、优惠促销的定义

优惠促销是商家根据商品原价确定让利系数，进行减价、打折、包邮销售的一种方式，它既能让利消费者又能促进商品的销售，是商家的一种常用营销手段。

二、优惠促销的作用及优势

优惠促销具有鲜明的导购性，可增强消费者的购买欲望，提高营业额。此外，优惠促销能起到正面宣传作用，使消费者加深对店铺及其产品的印象。

三、淘宝优惠促销工具

优惠促销工具是专门为卖家设计的打折促销工具，旨在帮助淘宝卖家进行商品打折促销，以达到提升店铺下单转化率、促进关联消费等效果。淘宝为卖家提供的优惠促销工具主要包括单品宝、优惠券、店铺宝、搭配宝，以往这些营销工具需要付费购买，但在 2021 年初已免费提供给全网卖家使用。

微课：单品宝

1. 单品宝

淘宝的限时折扣与天猫的特价宝合并后更名为"单品宝"。单品宝是针对网店的单个商品在商品级别或最小存货单位（SKU）级别上进行的限时限量促销活动，主要的优惠方式包括打折、减钱、促销价。卖家应用单品宝对商品进行设置后，对应商品的前台会自动显示打折优惠的效果。合理地应用单品宝工具能起到提高单品销量、有效提升单品转化率的作用。

单品宝的活动创建主要包括活动设置、选择活动商品、设置商品优惠三个步骤，如图 3-1 至图 3-3 所示。活动设置页面包括以下几个项目：

（1）活动标签：提供日常活动和官方活动海量标签选择，不支持自定义，卖家选择合适的标签后将在前台直接展示给买家。

（2）活动名称：仅用于商家自己的管理活动，不会展示给买家。

（3）开始、结束时间：活动时间最长可设置 180 天。

（4）优惠级别：商品级是指商品的所有规格都设置一样的优惠，SKU 级是指针对商品的不同规格设置不同的优惠。

（5）优惠方式：提供打折、减钱、促销价三种不同的优惠方式，卖家可依据网店促销活动进行选择。

（6）定向人群：设置人群优惠后，该人群优惠价仅在商品详情页显示，搜索结果页将不显示。如果该优惠活动是针对全网买家的，则取消勾选此项。

（7）活动包邮：勾选包邮后，参加活动的商品由卖家承担运费，该商品原本对应的运费模板将失效。

（8）活动到期提醒：勾选此项后，活动即将结束时淘宝官方系统会对卖家做出活动到期提醒。

卖家在选择活动商品时可以同时选择多个商品进行优惠设置。

商品级活动在设置商品优惠时可以选择限购件数。可以依据卖家自身的情况设置是否限购，一般建议在有盈利的情况下不要设置限购。如果优惠力度比较大，则要设置限购，不然可能出现亏本的情况。

如果新建的活动是 SKU 级活动，设置商品优惠级别时可选择 SKU 级，卖家可以针对商品的不同规格设置不同的活动价，如图 3-4 所示。

图 3-1　活动设置

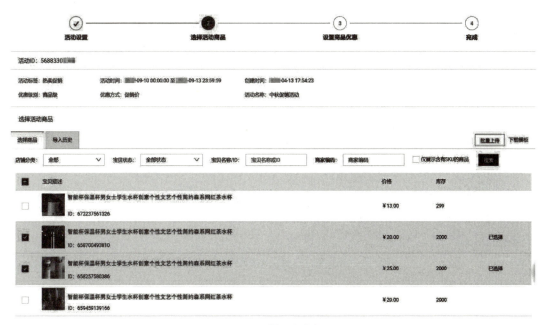

图 3-2　选择活动商品

图 3-3 设置商品优惠——商品级活动

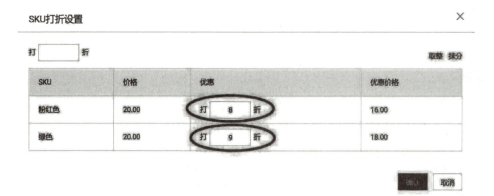

图 3-4 设置商品优惠——SKU 级活动

单品宝设置成功后，其前台展示效果如图 3-5 所示。

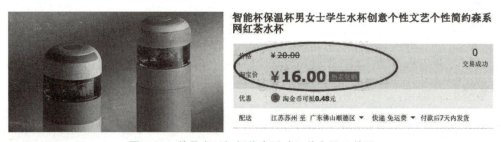

图 3-5 单品宝（打折优惠活动）前台展示效果

2. 优惠券

微课：优惠券

优惠券是一种虚拟的电子券，卖家可以在不用现金充值的前提下针对新客户或者不同等级的会员发放不同面额的优惠券。新版优惠券包括两种类型：店铺优惠券和商品优惠券。此外，还有一种特殊的优惠券——裂变优惠券。优惠券设置页面如图 3-6 所示。

我是卖家 > 营销工作台 > 优惠券

图 3-6 优惠券设置页面

（1）店铺优惠券和商品优惠券。

店铺优惠券：全店商品通用，买家领取后购买全店任意商品达到满减额度，即可抵扣现金。店铺优惠券设置页面如图 3-7 所示。

我是卖家 > 营销工作台 > 优惠券 > 创建店铺优惠券

① 创建优惠券

推广渠道

● 全网自动推广 ○

基本信息

* 名称： 店铺优惠券 5/10

* 开始时间： ███-04-13 📅

* 结束时间： ███-04-30 📅 ⚠ 最长可提前60天创建，有效期不能超过60天

* 低价提醒： 当商品预计到手价低于 8 折时进行提醒
⚠ 仅用于风险提示，当活动覆盖商品预测到手价<所填折扣时进行提醒。折扣=预测到手价/单品优惠价。详情了解更多>

活动目标： ● 日常销售 ○ 新品促销 ○ 尾货清仓 ○ 活动促销 ⚠ 营销目标用于商品低价预警的功能判断

到期提醒： □

面额信息·面额1

* 优惠金额： 5 元 ⚠ 请输入整数金额，面额不得超过5000元

* 使用门槛： 满 100 元

* 发行量： 1000 张 ⚠ 优惠券创建后，发行量只能增加不能减少，请谨慎设置。

* 每人限领： 1 ∨ 张

⚠ 请谨慎设置优惠券基本信息：券链接可全网传播，请勿用于抽奖、兑换等有门槛的营销活动，如链接被滥用引发的后果由您自负。"全网自动推广"
特别提醒：严令禁止通过优惠券刷单的行为，一旦发现按淘宝规则严惩，其余非官方渠道推广请使用"自有渠道推广"进行设置。

资损风险校验

图 3-7 店铺优惠券设置页面

商品优惠券：定向优惠，买家购买特定商品可凭券抵扣现金。商品优惠券设置页面如图 3-8 所示。

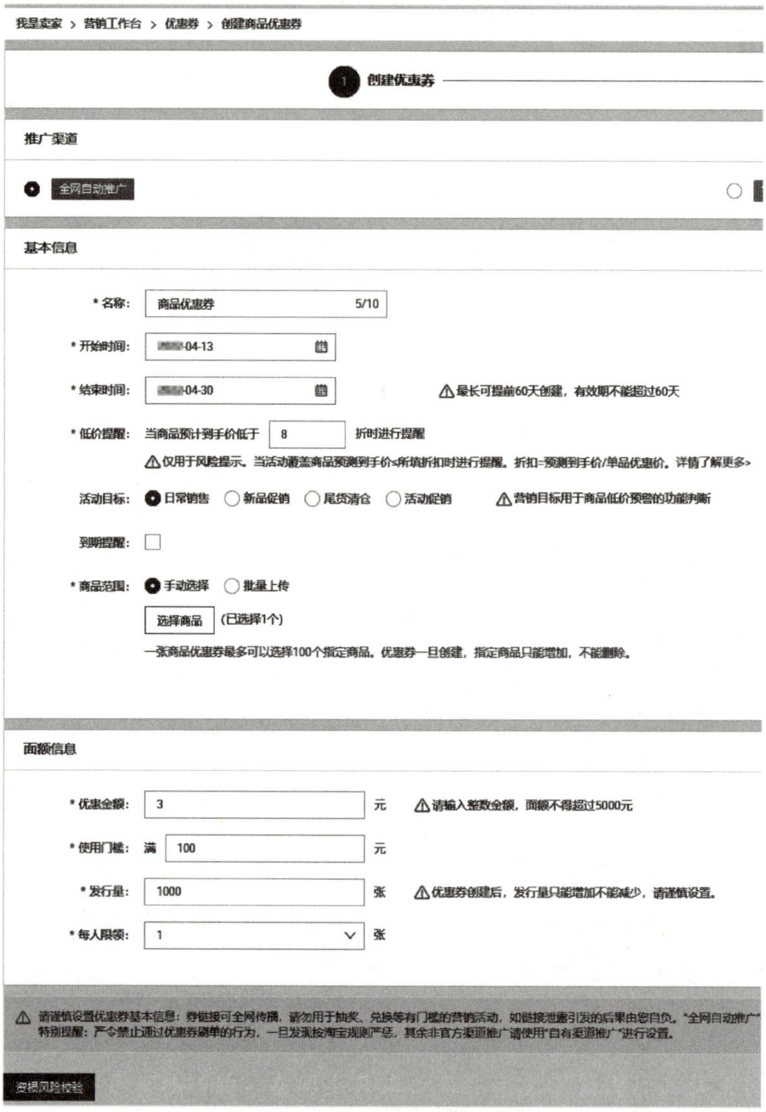

图 3-8 商品优惠券设置页面

店铺优惠券和商品优惠券有两大功能：一是通过满就减（送）、会员关系管理维护老客户；二是通过创建优惠券买家领取功能，主动拓展新客户。

优惠券有三种推广渠道：全网自动推广、官方渠道推广、自有渠道推广。

1）全网自动推广：允许在全网传播的通用券。设置全网自动推广后，店铺优惠券会在店铺电脑端和无线端的商品详情页与购物车自动显示领券入口；但商品优惠券仅支持在无线端的商品详情页显示，若存在多张商品优惠券（3 张以上），优先展示优惠力度较大的优惠券。

2）官方渠道推广：阿里妈妈推广、官方活动招商等官方渠道的专用券。渠道券创建成功后，只能等待优惠券有效期结束才能删除，不能手动删除该券，但可以增加发行量和修改每人限领张数。官方渠道推广类型的优惠券设置后不会自动在商品详情页等前台页面中显示。

3）自有渠道推广：用于站外、旺旺等自有渠道的不公开券。可设置为对指定消费者发放一次性链接领取，这类优惠券设置后也不会自动在商品详情页等前台页面中显示。

在设置店铺优惠券和商品优惠券时，需注意以下事项：

1）优惠券名称：不能使用特殊符号，如（）、♯、￥等。

2）开始时间和结束时间：最长可提前 60 天创建，有效期不能超过 60 天。

3）使用门槛：无门槛优惠券只支持推广渠道为"官方渠道推广"，如优惠金额设置为 50 元，使用门槛处点选"满 50.01 元"即可。

4）每人限领：可选择限领 1、2、3、4、5 或不限张数，如选择了限领 1 张，当买家领取 1 张后，不管是否已经使用，都不能再次领取。

5）优惠券信息填写完毕后，点击"资损风险校验"确认即可完成优惠券的设置。

值得一提的是，优惠券之间不可以叠加，商品优惠券和店铺优惠券（不论何种渠道、类型设置，如阿里妈妈推广券、惊喜券、有价优惠券、裂变优惠券）不能叠加使用，系统默认使用优惠力度最大的优惠券。若一个订单中的多款商品分别有各自的商品优惠券，可一起使用。

店铺优惠券的展示效果如图 3-9 所示。

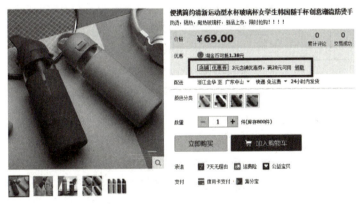

图 3-9　店铺优惠券的展示效果

商品优惠券的买家领取展示效果如图 3-10 所示。

图 3-10　商品优惠券的买家领取展示效果

（2）裂变优惠券。

裂变优惠券是以优惠券工具为基础，通过增加分享优惠券、邀请朋友领取优惠券的玩法，帮助商家实现老客带新客、新客裂变，以极低的拉新成本获得更多店铺流量的承接、裂变和转化，具体如图 3-11 所示。裂变优惠券分为分享者优惠券和被分享者优惠券，两者是父券与子券的关系，具体如图 3-12 所示。

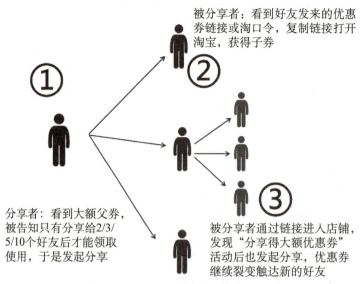

图 3-11 裂变优惠券的玩法展示

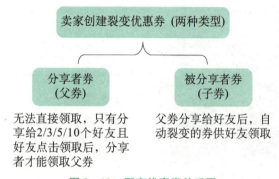

图 3-12 裂变优惠券关系图

裂变优惠券的设置页面如图 3-13 所示。

裂变优惠券有四种推广渠道：通用、自主推广、商家群（裂变入群）、领券中心。

通用渠道：设置后可在无线端的商品详情页、直播间、普通优惠券领券后的页面、店铺装修模块中自动显示，也可直接一键置顶到店铺首页。

自主推广渠道：设置后不会自动显示，可复制券链接用于定向渠道（如店铺首页、商品详情页、客服首问、站外等）传播。

商家群（裂变入群）渠道：仅支持在淘宝群内发放，给群成员定向发送裂变优惠券。

领券中心渠道：设置后即可自动被领券中心公域抓取，大促时也可报名享受额外的领券中心流量。

在设置裂变优惠券时，需注意以下事项：

1）裂变优惠券的适用范围是店铺优惠券和商品优惠券，店铺优惠券是全店商品可用，商品优惠券是部分商品可用，建议为店铺爆款添加商品裂变优惠券。

基本信息

* 名称： 请输入优惠券名称　　0/10

推广渠道： ● 通用 ⑦　　○ 自主推广 ⑦　　○ 商家群 ⑦　　○ 商家群（裂变入群）⑦　　○ 领券中心 ⑦

分享者优惠券

* 券类型： ○ 店铺券　○ 商品券

* 开始时间： 请选择日期 🗓

* 结束时间： 请选择日期 🗓　⚠ 最长可提前60天创建，有效期不能超过60天

开始逐出时间： 请选择日期 🗓　⚠ 设置后，仅在该时间点开始在店铺首页、详情页等自动逐出的渠道进行逐出。

* 优惠金额： 请输入优惠券金额 元　⚠ 请输入正整数金额，面额不能超过5000元

* 使用门槛： ● 满 门槛需高于金额 元
　　　　　　 ○ 满.01元（无门槛）

* 发行量： 至少1张 张　⚠ 优惠券创建后，发行量只能增加不能减少，请谨慎设置。

每人限领： 1张

* 分享人数： 3 ∨ 张

被分享者优惠券

* 券类型： ○ 店铺券　○ 商品券

使用时间： -　　⚠ 根据分享者时间自动生成

* 优惠金额： 请输入优惠券金额 元　⚠ 请输入正整数金额，面额不能超过5000元

* 使用门槛： ● 满 门槛需高于金额 元
　　　　　　 ○ 满.01元（无门槛）

* 发行量： 请输入发行量 张　⚠ 请先输入分享者券发行量

每人限领： 1张

图 3 - 13　裂变优惠券的设置页面

2）分享者优惠券的优惠力度建议大于同时期店铺优惠券，门槛可适当比同时期店铺优惠券门槛高，以强力驱动买家进行分享，邀请好友回流。被分享者均为店铺新客，为留住新用户及提升下单转化率，被分享者优惠券门槛可以低于店铺的客单价，且保证优惠券的优惠力度，以促进新客成交。比如，同时期店铺优惠券满 200 减 30，分享者优惠券满 200 减 50，被分享者优惠券满 100 减 20。

3）分享者优惠券的分享人数可选择 2、3、5、10 人，如果店铺分享率较低，建设设置 2 人券保证分享率。

4）被分享者优惠券的发行量须大于等于分享者优惠券发行量×分享人数×1.5。比如分享者优惠券发行 1 000 张，分享人数选择 3，被分享者优惠券即需大于等于 4 500 张。

裂变优惠券的展示效果如图 3 - 14 所示。

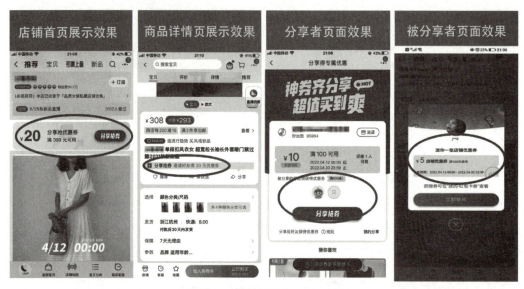

图3-14　裂变优惠券的展示效果

微课：店铺宝

3. 店铺宝

店铺宝属于店铺级优惠工具，由"满就减（送）"全面升级更名而来，支持创建部分商品或全店商品的满减、满折、满包邮、满送权益、满送赠品等营销活动。店铺宝的后台设置如图3-15至图3-17所示。

图3-15　店铺宝基本信息设置

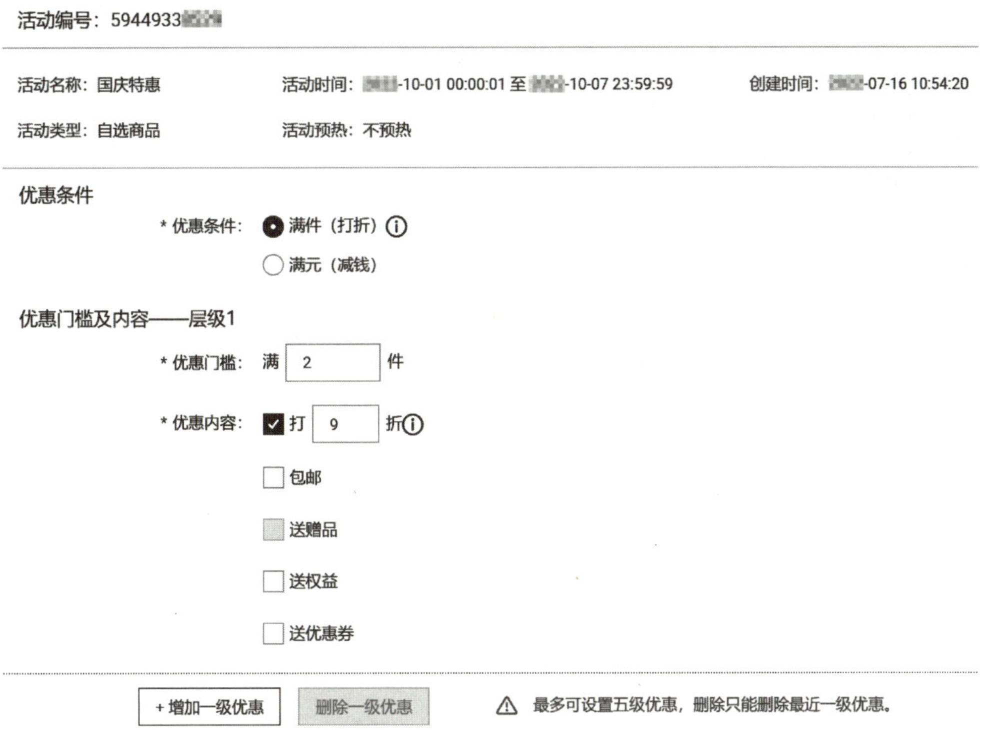

活动编号：5944933░░░

活动名称：国庆特惠　　　　活动时间：░░░-10-01 00:00:01 至 ░░░-10-07 23:59:59　　　　创建时间：░░░-07-16 10:54:20

活动类型：自选商品　　　　活动预热：不预热

优惠条件

* 优惠条件：　●　满件（打折）ⓘ
　　　　　　　○　满元（减钱）

优惠门槛及内容——层级1

* 优惠门槛：　满　[2]　件

* 优惠内容：　☑ 打　[9]　折ⓘ

　　　　　　　☐ 包邮

　　　　　　　☐ 送赠品

　　　　　　　☐ 送权益

　　　　　　　☐ 送优惠券

　　[+ 增加一级优惠]　[删除一级优惠]　⚠ 最多可设置五级优惠，删除只能删除最近一级优惠。

图 3 - 16　店铺宝优惠门槛及内容设置

指定活动商品

[选择商品] [已选商品] [导入历史]　　　　　　　　　　　　　　　　　　　　　　　[批量]

商品名称/ID：[商品名称或ID]　　　商品编码：[商品编码]

店铺分类：[全部商品 ∨]　　　商品状态：[全部状态 ∨]

[搜索]

商品描述	价格	预计最低到手价	库存	操作
☐全选 [批量参加活动]				
已选择　☑ 智能杯保温杯男士女士学生水杯创意个性文艺个性简约森系网红茶水杯 ID: 672237561326	¥13	¥13	299	
参加活动　☐ 智能杯保温杯男士女士学生水杯创意个性文艺个性简约森系网红茶水杯	¥20	¥20	2000	

图 3 - 17　店铺宝选择商品设置

在设置店铺宝时，需注意以下事项：

（1）活动时间最长可设置 180 天，且大于等于 15 分钟。

（2）优惠内容支持多级优惠，最多可设置五级优惠，优惠力度需逐级增加。

（3）优惠内容支持部分商品或全店商品送权益，包括虾米 VIP、彩票、优酷会员、支付宝红包、淘金币等。

（4）店铺宝属于店铺级优惠，可以和单品级（如单品宝、搭配宝、搭配购）优惠、优惠券、红包叠加使用。

店铺宝优惠信息展示效果如图 3 - 18 所示。

图 3 - 18　店铺宝优惠信息展示效果

微课：搭配宝

4. 搭配宝

搭配宝是商品关联搭配工具，支持固定及自由搭配；它还有智能算法，推荐适合的搭配商品，帮助店铺提升客单价和转化率。搭配宝的后台设置如图 3 - 19 至图 3 - 21 所示。

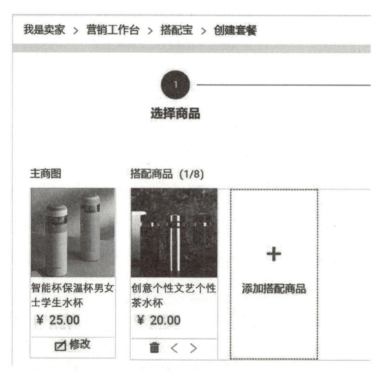

图 3 - 19　搭配宝选择商品设置

在设置搭配宝时，需注意以下事项：

（1）选择主商品后系统会自动推荐适合的搭配商品，卖家也可以根据实际需求自行选择搭配商品，搭配商品最多可选择 8 个。

图 3-20　搭配宝套餐设置

图 3-21　搭配宝优惠设置

（2）活动信息中的套餐名称和套餐介绍会在前台展示，所以拟定名称和介绍时要符合搭配套餐的内容。

（3）套餐图片提供智能合图功能，也支持本地上传图片。图片确保为白底图并重点突出主商品，勿在图片上添加价格及促销文案。

此外值得注意的是，虚拟类目、拍卖商品、秒杀商品、跨店商品、部分汽车类目等暂时无法设置搭配宝活动。

搭配宝活动的淘宝前台展示效果如图 3 - 22 所示。

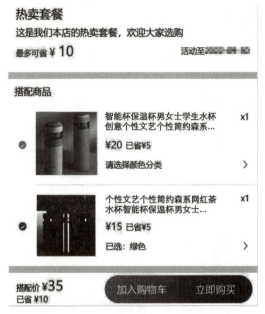

热卖套餐

这是我们本店的热卖套餐，欢迎大家选购

最多可省 ¥ 10   活动至

搭配商品

智能杯保温杯男女士学生水杯
创意个性文艺个性简约森系…   x1

¥20 已省¥5

请选择颜色分类   ＞

个性文艺个性简约森系网红茶
水杯智能杯保温杯男女士…   x1

¥15 已省¥5

已选：绿色   ＞

搭配价 ¥35   加入购物车   立即购买
已省 ¥10

图 3 - 22　搭配宝活动的淘宝前台展示效果

四、使用优惠促销的注意事项

店铺优惠促销的内容，主要是对店铺的展示，以增强消费者的购买欲望。运用的优惠促销服务不宜过多，一种商品以用两个优惠促销服务为宜。

德技并修·德才兼备

让暖心遇到暖心 浙大博士生和蜜橘网店老板对话全网刷屏

浙江一家卖涌泉蜜橘的网店，因为一个小小的举动，引来一波又一波新客人，他们二话不说，下单、付款，以至于店主不得不呼吁，请消费者理性消费。这是怎么回事呢？

"双 11"这天，一位卖涌泉蜜橘的网店老板和一位浙大博士生的一段对话，被发到了浙大校园论坛上。浙大这名博士生对涌泉蜜橘的大小尺寸要求很特别，当蜜橘网店老板得知是买去做实验时，便回话说：你们为国家做研究，就免费先寄一箱试试。

结果，让网店老板意想不到的事情发生了，那几天网店订单暴涨了 20 倍，浙大学子们和围观的"吃橘群众"，用热情、用真情回报着这家小店。店家是一对年轻的夫妇，他们称这样做是为了支持国家的农业科研，并且呼吁大家要理性消费。原来这对夫妻创业的时候，因为申请了国家的大学生创业补贴，才解决了启动资金问题。这就是滴水之恩，当涌泉相报。

发帖的浙大农学院博士生小肖说，当时她是在某网上随便搜出来的一家店，事后觉得店家的三观真的很正，"国家需要就出点力"，店家这句话触动了自己的心。

思政点拨：

党的二十大报告指出，培养造就大批德才兼备的高素质人才，是国家和民族长远发展大计。职业教育要把立德树人融入思想道德教育、文化知识教育、社会实践教育各环节，培育"德才兼备"的应用型人才。

任务实施

一、制定店铺商品的优惠促销方案

小营根据库存并结合商品利润制定了国庆优惠促销方案，具体如下：

活动主题：国庆狂欢季。

活动时间：9 月 28 日 00：00—10 月 8 日 23：59：59。

活动内容：

（1）全场包邮（香港、澳门、台湾、新疆、宁夏、西藏及海外地区除外）。

（2）买杯子送杯刷：活动期间，买任意一款杯子送杯刷一支。

（3）满就减：满 69 减 5 元，满 128 减 10 元，满 229 减 20 元。

二、将促销方案运用到店铺中

（1）登录卖家中心，点击"营销"栏选择"营销管理"模块中的"营销工具"，找到"店铺宝"，点击下方的"立即创建"，如图 3-23 所示。

图 3-23　创建店铺宝活动

（2）进入店铺宝活动基本信息设置页面，填写相关信息，点击"下一步"，如图3-24所示。

图3-24 填写店铺宝活动基本信息

（3）按照国庆优惠促销方案设置优惠条件、优惠门槛及内容，点击"增加一级优惠"可再设置第二层级的满减内容，依次类推，如图3-25所示。

图3-25 设置优惠条件、优惠门槛及内容

◎ 同步实训

任务描述

小明打算对店铺商品实行优惠促销，请你为小明介绍一下单品宝、优惠券、店铺宝、搭配宝这 4 种工具的使用方法。

操作指南

（1）单品宝。

优惠级别	
优惠方式	

（2）优惠券。

店铺优惠券	
商品优惠券	
裂变优惠券	

（3）店铺宝。

优惠条件	
优惠门槛	
优惠内容	

（4）搭配宝。

任务评价

评价内容	分值	评价		
		自我评价	小组评价	教师评价
单品宝的使用方法填写正确	20			
优惠券的使用方法填写正确	30			
店铺宝的使用方法填写正确	30			
搭配宝的使用方法填写正确	20			
合计	100			

任务二 用户运营工具

任务导入

随着电商销售的迅速发展，网上店铺的竞争越来越激烈。要想在众多的网店中脱颖而出，卖家就必须懂得分析用户特征，了解用户心理并能够根据不同用户的需求设置不同的运营活动，从而增强用户黏性，使用户主动购买、重复购买店铺产品。淘宝站内的用户运营中心平台在大数据的支持下能帮助卖家全面洞悉店铺消费者，高效分析运营结果，卖家可再借助其用户运营工具对不同的营销人群设置有针对性的优惠活动，这对标签用户的转化有较大的帮助。小营决定利用用户运营工具进行精准营销，他制定了以下任务单（见表3-2）。

表3-2　任务单

岗位	工作项目	具体要求	完成时限	验收
运营	制订用户运营计划	为店铺不同用户人群制定对应的营销策略	2课时	
美工	制作店铺人群海报	根据运营给出的用户运营计划进行海报制作	2课时	
客服	收集用户信息	收集店铺各种用户人群信息	2课时	
推广	实施用户运营计划	把用户运营计划应用到本店铺中	2课时	
验收人				

知识探究

众所周知，流量对店铺的影响最大，其次就是转化率。在用户运营中心平台上，合理使用用户运营工具可以取得不错的效果。

一、用户运营中心平台

用户运营中心平台是客户运营平台与用户运营中心升级后形成的全新的商家客户关系管理（CRM）与人群运营平台。全新的用户运营中心平台提升了人群数据化运营能力，圈定目标人群更精准、灵活，致力于帮助卖家更精准有效地识别和运营店铺用户，提升店铺运营效率，适合有一定的客户基础、有人群运营意识的卖家使用。

登录卖家中心，进入"用户"栏目，即可进入用户运营中心平台，如图3-26所示。

图 3 - 26 用户运营中心平台页面

二、用户运营六大模块

用户运营中心平台中的用户运营有新客触达、老客复购、粉丝运营、会员运营、场景运营、策略及效果六大模块，如图 3 - 27 所示。

1. 新客触达

新客触达中的新客是指近 365 天无店铺支付且近 30 天有店铺访问，或近 30 天支付一次且近 365 天内首次支付的买家。新客触达模块提供了卖家查看店铺新客核心数据的渠道，在这里卖家可以看到店铺新增新客人数、新客进店率、新客转化率、新客成交金额（如图 3 - 28 所示），从而快速地了解店铺新客人群的运营数据表现和同行对比情况。

用户运营 ^

新客触达

老客复购

粉丝运营

会员运营

场景运营

策略及效果

图 3 - 27 用户运营六大模块

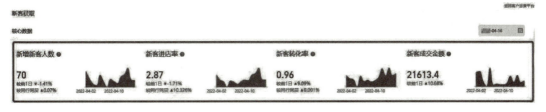

图 3 - 28 新客触达核心数据展示

同时，新客触达模块还针对不同类型的新客给卖家提供了不同的运营策略：（1）针对新访客在店铺首页投放权益（如优惠券）；（2）针对未转化的兴趣新客投放加磅权益（如短信投放优惠券信息）。卖家依据店铺情况点击运营策略页面右侧的"去完成"即可进行详细的运营计划设置，如图 3 - 29 所示。

图 3-29　新客触达的运营策略列表

2. 老客复购

老客复购模块面向的是近 365 天有过店铺支付的消费者人群（首次支付的新客除外）。老客复购模块提供了卖家查看店铺老客核心数据的渠道，在这里卖家可以看到店铺新增老客人数、老客进店率、老客复购率、老客成交金额以及老客新增人数走势，如图 3-30 所示。

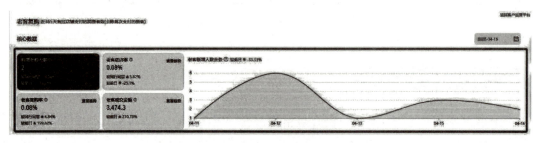

图 3-30　老客复购核心数据展示

老客复购模块也针对不同类型的老客群体给卖家提供了不同的运营策略：（1）针对近一年有成交的老客推荐满赠权益策略；（2）针对店铺兴趣活跃老客推荐复购权益策略；（3）针对在类目活跃的老客推荐送老客专享优惠券策略。卖家可根据自己店铺的情况进行设置，以提升老客复购率、转化率和到店率，如图 3-31 所示。

图 3-31　老客复购的运营策略列表

3. 粉丝运营

粉丝是指关注、订阅卖家店铺的客户人群。粉丝运营模块通过提供订阅粉丝数量、粉丝新增人数、粉丝进店人数、粉丝成交金额、亲密粉人数、活跃粉人数、沉默粉人数等直观数据，让卖家快速了解店铺粉丝人群的运营数据表现，如图 3-32 所示。

粉丝运营模块还给卖家提供了粉丝人群运营的策略任务，卖家可根据店铺当前粉丝情况定向选择粉丝人群（如全部粉丝、新粉人群、亲密粉人群、活跃粉人群或沉默粉人

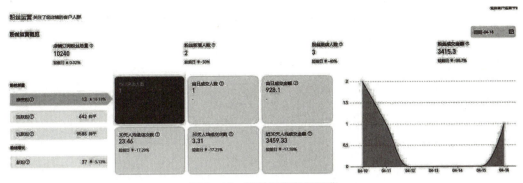

图 3－32　粉丝运营数据概览

群）并设置有力度的粉丝专享优惠，推广到订阅渠道或店铺动态场景。卖家点击运营策略页面右侧的"去完成"即可进行详细的运营计划设置，如图 3－33 所示。

图 3－33　粉丝运营策略列表

4. 会员运营

为了方便店铺的会员运营数据追踪及策略制定，淘宝平台升级了会员运营模块，通过数据整合、问题诊断、策略建议三个功能的升级，实现更精准、更便捷的会员运营策略制定，持续关注有效会员关系及会员质量提升，通过更加精细化、节奏化的日常运营手段，让会员持续为店铺创造价值。

会员运营模块依据店铺会员情况，提供了会员人群运营的策略任务，卖家可一键进行目标人群的运营计划设置，如图 3－34 所示。

图 3－34　会员运营策略列表

5. 场景运营

场景运营是自定义人群运营的升级版。场景运营模块根据大数据统计给卖家推荐机会人群，卖家亦可自由地选择想要营销的用户群体（需提前创建自定义人群）。卖家可针对不同的人群设置优惠券，并可自由选择店铺首页、短信、首页海报券等形式进行推送，实现精细化运营，有效地促进人群的成交转化。场景运营设置页面如图 3 - 35 所示。

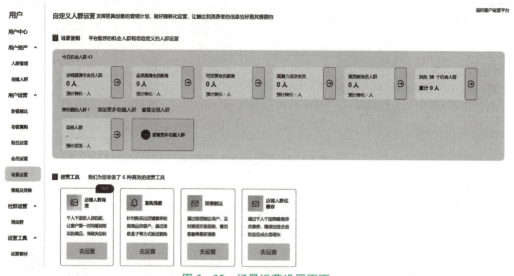

图 3 - 35　场景运营设置页面

6. 策略及效果

策略及效果模块给卖家提供了查看并跟踪人群运营策略的执行结果和数据表现的渠道，卖家可根据新客触达、老客复购等运营场景分类查看对应的运营策略，也可通过活动标题关键词搜索查看，如图 3 - 36 所示。卖家找到对应策略，点击"详情"和"数据"按钮即可查看运营策略的详情和效果数据，如图 3 - 37 所示。

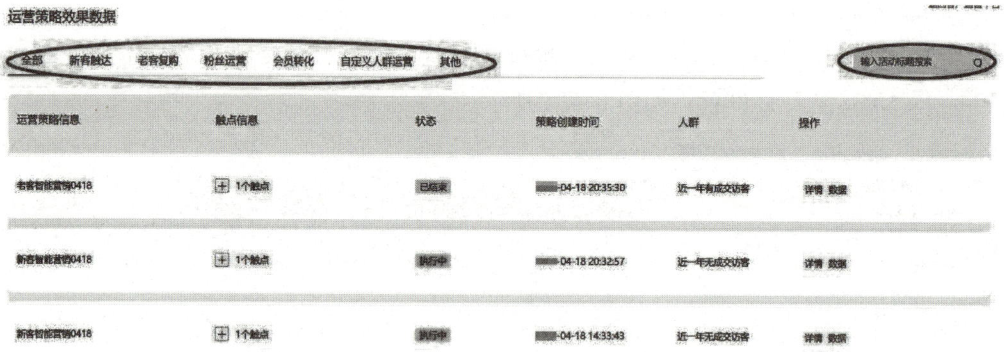

图 3 - 36　策略及效果页面

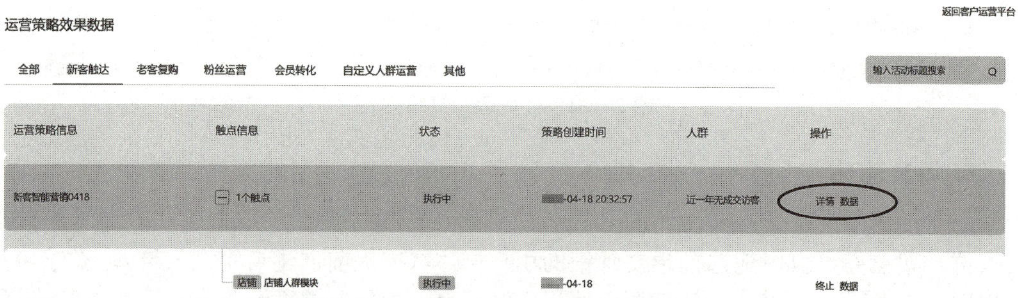

图 3 - 37　查看运营策略的详情和效果数据

任务实施

一、制定店铺的用户运营方案

为了提高新客的下单转化率，小营准备实行新客触达模块推荐的"向您的新客用户设置一份专属的权益优惠"运营策略，具体如下：

活动主题：新客专属优惠权益。

活动时间：10月9日—10月22日。

活动商品：系统算法推荐的商品。

优惠券：根据系统推荐设置优惠力度。

推广渠道：系统推荐的优先渠道。

二、将方案应用到店铺中

（1）登录卖家中心，点击"用户"—"用户运营"—"新客触达"，进入新客触达模块界面，选择"向您的新客用户设置一份专属的权益优惠"运营策略，点击"立即开启"，如图3-38所示。

图3-38　新客用户专属权益优惠运营策略创建

（2）将智能推荐人群策略标题设置为"新客专属优惠权益"，系统自动推荐运营人群为近一年无成交访客，无须手动设置，如图3-39所示。

（3）系统会依据当前人群智能推荐特定商品，无须手动设置，投放时会根据人群喜好做个性化推荐，如图3-40所示。

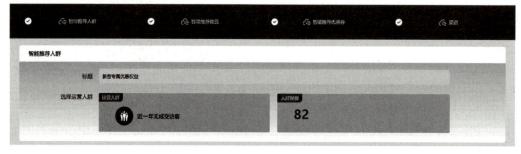

图 3 - 39　智能推荐人群设置

图 3 - 40　智能推荐商品

（4）设置智能推荐优惠券，根据系统大数据推荐的优惠金额和优惠门槛设置符合条件的优惠券（点击"去补充符合条件的优惠券"按钮即可跳转到优惠券设置页面），优惠券设置完毕后会自动显示，如图 3 - 41 所示。

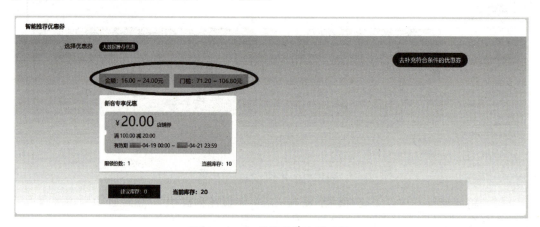

图 3 - 41　智能推荐优惠券设置

（5）设置推广渠道，系统会根据当前人群和场景特性推荐优先的推广通道。此处选择推荐指数星星最多的推广渠道——店铺首页推送，然后根据方案设置活动时间为 10 月 9 日到 10 月 22 日即可，如图 3 - 42 所示。

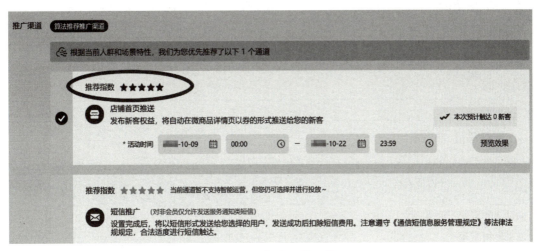

图 3 - 42　推广渠道设置

（6）智能配置 100％完成后，拉到页面最下方，点击"一键推广"按钮即可完成新客触达的运营策略推广，如图 3 - 43 所示。

图 3 - 43　一键推广

◉ 同步实训

任务描述
小明打算为店铺进行用户运营，请你根据所学知识为小明设计一个用户运营方案。

操作指南
（1）活动主题：

_____

_____

（2）活动时间：

_____

_____

（3）活动商品：

_____

_____

（4）活动内容：

_____

_____

（5）使用的用户运营工具：

_____

_____

（6）备注：

_____

_____

任务评价

评价内容	分值	评价		
		自我评价	小组评价	教师评价
活动主题鲜明，有吸引力	20			
活动时间合理	10			
活动商品选择恰当	20			
活动内容合理	20			
使用用户运营工具的理由充分	10			
活动方案条理清晰	20			
合计	100			

▶ 任务三　客户互动工具

📹 任务导入

　　客户收到购买的商品后会对商品进行评价，精彩的评价和好的配图对后面浏览商品的客户可以起到引导购买的积极作用。另外，不同的客户对同一商品有着不同的需求关注点，为了更全面、高效地了解一件商品，越来越多的客户选择主动去了解自己所关注商品的相关信息，由被动接收信息转为主动询问。

　　因此，运营人员需要将优秀的客户评价整理成买家秀，让客户第一时间看到商品的精彩评价，同时还要在"问大家"中及时答复客户的提问，帮助客户解决问题。无论是买家秀还是问大家，做好客户互动工具的运营维护，都可以有效地提高商品的转化率。

　　小营打算利用客户互动工具做好运营推广，他制定了以下任务单（见表3-3）。

表3-3　任务单

岗位	工作项目	具体要求	完成时限	验收
运营	制订客户互动营销计划	为店铺商品制订详细的客户互动营销计划	2课时	
美工	搜集并美化能够促进客户互动的商品评价图	根据运营给出的客户互动营销计划搜集并美化能够促进互动的商品评价图	2课时	

续表

岗位	工作项目	具体要求	完成时限	验收
客服	对买家进行售后引导	引导已购买的买家公开发布优质的商品评价图	2课时	
推广	实施客户互动营销计划	把客户互动营销计划应用到本店铺中	2课时	
验收人				

◎ 知识探究

一、买家秀

1. 什么是买家秀

买家秀是商家对优质买家展示内容进行二次推广的一种形式。发布买家秀，可以让新买家获取第三方视角的商品展示，为新买家提供更多购买决策所需信息，帮助其更全面地了解商品。通常选取优质有图评价作为买家秀，评价需围绕用户的使用体验展开，力求内容客观真实、言之有物，对于新买家具有参考性。

2. 买家秀展示的位置

（1）将优质买家秀内容投放到手淘关注中，店铺粉丝可在手淘关注动态中看到买家秀内容，如图 3-44 所示。

（2）将已发布的买家秀装修到无线店铺中，买家可在手机淘宝商品详情页、店铺活动页和手机淘宝首页看到，如图 3-45 所示。

图 3-44　手淘关注买家秀

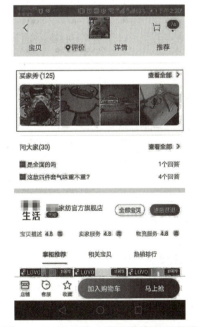

图 3-45　手机淘宝商品详情页买家秀

3. 买家秀的常见问题

（1）如何在商品详情页中显示出买家秀模块？

卖家为单个商品的 4 条及以上的买家秀内容（图片或视频均可，下面凡出现买家秀内容均指图片或视频）进行"加精"操作，如图 3-46 所示，买家秀模块即会自动地显示在手淘的商品详情页中，但并非当天显示，而是"加精"一天后显示（例如今天"加精"，明天前台才能自动显示出买家秀模块）。

图 3-46 买家秀"加精"操作页面

（2）买家秀模块展示的是全部的买家秀内容吗？

一般来说，前台买家秀模块只展示卖家"加精"后的内容。但为了方便卖家挖掘优质买家秀内容，平台提供了买家秀智能装修功能，如图 3-47 所示。凡是卖家开启了智能装修功能的商品，对于已有的及后面新增的"未加精"买家秀内容，系统会自动挑选其中的优质内容，显示在商品详情页买家秀模块中。

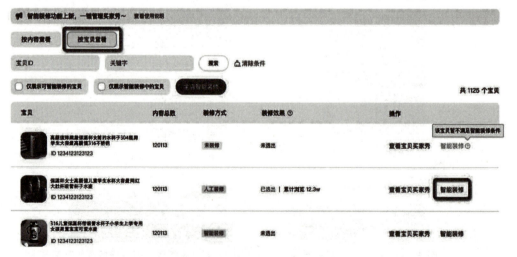

图 3-47 买家秀智能装修功能

（3）买家秀模块能展示匿名买家秀内容吗？

买家秀是买家主动发布的内容，版权归买家本人所有。为避免产生侵权问题，目前买家秀模块不支持展示匿名不公开的买家秀内容，故对用户个人主页设置了隐私（匿名用户）发布的内容，买家秀管理后台不支持内容"加精""置顶""投稿到订阅"等操作，如图 3-48 所示。卖家可以通过一些优惠活动引导激励买家主动公开买家秀内容。

图 3-48 匿名买家秀的操作页面

（4）如何把买家秀内容发布到手淘关注①页面？

卖家选择来源于"有图评价"的买家秀内容，筛选好想投稿的买家秀内容，点击"投稿到订阅"，如图 3-49 所示，然后编辑撰写好介绍买家秀内容的文案即可发布。值得注意的是，目前仅支持来源于"有图评价"的非匿名买家秀内容投稿到关注页面。

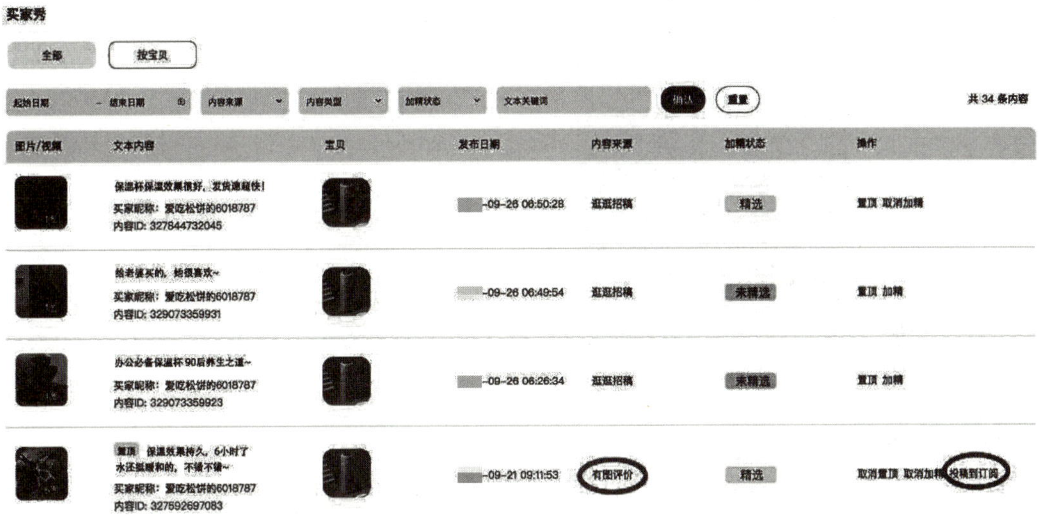

图 3-49 "投稿到订阅"操作页面

4. 买家秀案例分享

某女童装店铺的目标客户是年轻的爸爸妈妈们，他们在孩子的装扮方面有共同语言。卖家为了让目标客户活跃起来，开展了一个宝宝秀活动，取得了非常好的效果，店铺的关注度和流量急速上升。具体操作流程如下：

（1）卖家设置一个活动预热页面，告诉买家晒图活动的规则，并放上自家的商品，引导买家购买和购买后晒图，如图 3-50 所示。

（2）挑选出优秀的晒图，创建投票页面，激励上榜的买家去拉票，如图 3-51 所示。

活动总结：

（1）利益刺激是必需的，是提升用户活跃度的利器。

---

① 由于淘宝软件版本的变化，手淘"订阅"已改为"关注"，但有些操作依然使用"订阅"，如"投稿到订阅"。

（2）要找到用户的兴趣点。

（3）注意营造氛围。

图 3 - 50　活动预热页面

图 3 - 51　投票页面

二、问大家

1. 什么是问大家

随着网购的盛行，买家在做购物决策时所需要的参考信息越来越多。为了合理保障买家对卖家服务品质和商品品质的知情权，淘宝网增设了一个供"意向买家"和"已购

图 3 - 52　问大家手淘详情页展示效果

买买家"进行交流的平台——问大家。手机端的商品详情页都会自动显示"问大家"模块，展示位置在商品评价下方，卖家无须单独设置，如图 3 - 52 所示。

在问大家模块中点击"查看全部"，页面最下方有输入框和提问按钮，如图 3 - 53 所示。输入关注的商品问题后点击提问按钮即可完成提问，淘宝系统会随机邀请 15～20 位已经购买过此商品的优质买家来回答，这对于买家的购买决策有着重要的指导价值。

2. 问大家的作用

（1）增强意向买家的购买信心。

问大家的回答者都是已购买的买家，回答内容都是真实的买家体验，其正向评价能增强意向买家对商品的信心，相对于评价来说，问大家的真实回答更容易打动正在犹豫是否下单的意向买家。

（2）能反映买家痛点。

问大家中的问题都是意向买家比较关注的商品细节，能有效地反映大部分买家的核心需求。

（3）有效地提高下单转化率。

卖家可根据问大家的提问内容，优化自家的商品主图和详情页卖点；同时通过问大家模块的运营，打消意向买家对商品卖点的疑虑，从而提高转化率。

3. 问大家的相关规则

（1）提问和回答规则。

1）提问者是淘宝登录用户即可，无论是否购买过该商品，都能够不限次数地发出提问，但提问的问题要与该商品相关，否则问题经系统审核后会被撤销。

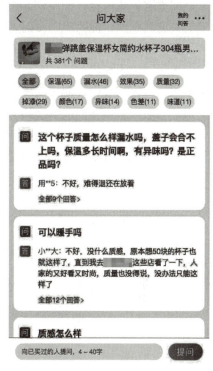

图 3-53　问大家模块内页

2）回答者是已购买过该商品且由淘宝系统邀请的买家或者是本店的卖家主账号。受邀买家对单个问题最多回答 5 次，而本店卖家则可以不限次数地回答该问题。

3）提问或回答都可采用文字、图片的形式，提问或回答一旦发布，不支持买家进行修改或删除。

（2）展示规则。

问大家模块会在手淘商品详情页的展示入口显示两条问题。点击进入问大家内页后，顶部会出现若干个系统自动筛选出来的"问题关键词"标签，如图 3-54 所示，方便意向买家根据自己感兴趣的关键词快速跳转到该问题组的回答列表。

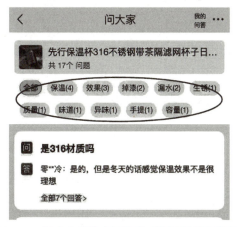

图 3-54　问大家模块内页中的"问题关键词"标签

问大家模块内页会优先展示近两年的提问和回答内容，如果商品的提问相对较少，就会补充展示两年前的提问及回答。

（3）排序规则。

对于问大家模块中展示入口的问题、问题列表页的问题以及问题详情页的回答，淘宝平台会根据回答内容的优质度、消费者互动效果等多个维度进行综合筛选后展示。

一般而言，买家的活跃度越高，回答的评论数、点赞数和关注度越高，提问者和回答者的淘气值越高，以及回答时间越靠前，该条问题的排序就越靠前。

4. 卖家如何维护和管理问大家

（1）卖家如何接收与回答问大家的提问消息。

卖家可以到千牛工作台订阅问大家的提问消息。打开千牛工作台，点击界面右上角的"消息中心"图标，如图 3-55 所示。跳转到消息中心界面后点击"消息订阅"，如图 3-56 所示。在"订阅设置"对话框中点击"店铺"找到"问大家"，点击"订阅"按钮即可，如图 3-57 所示。订阅后一旦有用户提问或回答且系统审核通过，就会自动接收千牛系统消息通知。

微课：接收并回答
问大家的提问

图 3-55　点击"消息中心"图标

图 3-56　点击"消息订阅"

卖家打开"消息中心"，点击"店铺"—"问大家"进入问大家消息页面即可查看用户的提问，如图 3-58 所示。点击"查看详情"进入该提问的详情页面，卖家在下方输入框里输入文字点击发送即可回答用户的提问，如图 3-59 所示。值得注意的是，目前仅支持卖家主账号接收问大家的提问消息和进行回答。

图 3 - 57　订阅设置对话框

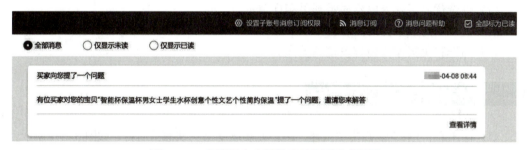

图 3 - 58　查看问大家模块中的问题后台页面

（2）卖家如何投诉问大家中的不良内容。

正面的提问和回答可以在很大程度上提高转化率，而负面的提问和回答则会对转化率产生很不好的影响。因此，对问大家中的部分不良内容，卖家要及时处理。

当遇到恶意提问或回答时，卖家可以登录电脑端千牛工作台选择"交易"—"订单管理"，点击"评价管理"—"问大家"，找到恶意提问或回答，点击右侧的投诉入口后选择投诉内容即可，如图 3 - 60

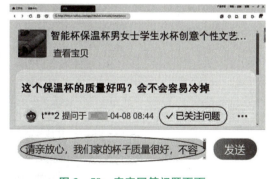

图 3 - 59　卖家回答问题页面

所示。卖家发起投诉举报后，可在投诉页面查看审核进度，审核通过后被举报的内容会被屏蔽。

目前，系统对于问大家中的投诉受理范围如下：1）提问或回答内容涉及微信号、领券、转卖等广告信息；2）恶意诋毁，即恶意用户利用提问或回答发布恶意污蔑、诽谤商品等信息来攻击卖家。

图 3-60 问大家中不良内容的投诉页面

📑 **任务实施**

一、制订店铺的客户互动营销计划

为了吸引更多的意向买家点击和提升商品的下单转化率，小营为店铺的畅销款保温杯商品制订了客户互动营销计划，具体如下：

（1）挑选优质买家秀内容显示到手淘详情页。

（2）置顶精选买家秀的内容。

（3）筛选精美买家秀内容投稿到关注。

二、将计划方案应用到店铺中

（1）打开千牛工作台，点击"内容"—"买家秀"，进入买家秀后台，如图 3-61 所示。

图 3-61 进入买家秀后台页面

（2）选择"按宝贝查看"，找到畅销款保温杯产品后点击"查看宝贝买家秀"，如图 3-62 所示。

图 3-62 查看保温杯的买家秀内容

（3）挑选出至少 4 条优质买家秀内容，在操作栏下分别点击"加精"按钮，如图 3-63 所示。完成"加精"操作后，手淘详情页就会显示买家秀模块并在买家秀模块界面展示加精的买家秀内容，如图 3-64 所示。

（4）筛选出保温杯的精选买家秀内容，在操作栏下分别点击"置顶"按钮，单个商品最多支持置顶 4 条，如图 3-65 所示。置顶后的买家秀内容会显示在买家秀模块外面以及买家秀内页最顶端。

（5）在保温杯买家秀中挑选来源于有图评价的精美内容，在操作栏下方点击"投稿到订阅"按钮，如图 3-66 所示。

图 3-63 "加精"买家秀内容操作页面

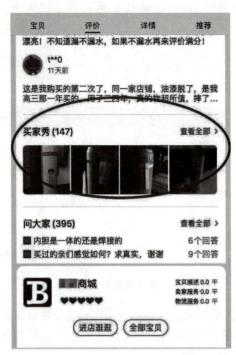

图 3-64　手淘详情页的买家秀模块展示效果

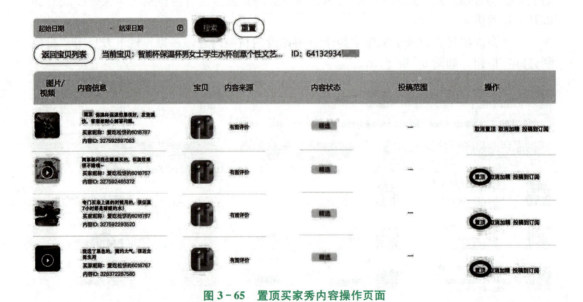

图 3-65　置顶买家秀内容操作页面

　　（6）跳转到买家秀"投稿到订阅"的编辑页面后，撰写买家秀介绍文案，如图 3-67 所示。选择好发布渠道页面即可成功把该精美买家秀内容投稿到手淘的关注中，如图 3-68 所示。

图 3 - 66 买家秀内容"投稿到订阅"操作页面

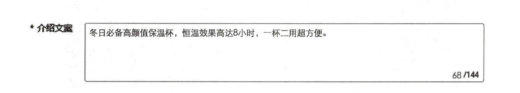

图 3 - 67 撰写买家秀介绍文案

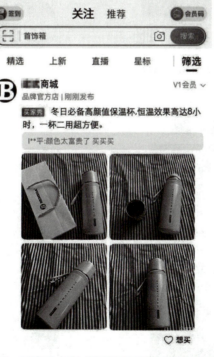

图 3 - 68 买家秀内容"投稿到订阅"后的展示效果

◎ 同步实训

任务描述

小明运营淘宝店铺一段时间之后，发现优质买家秀内容可以提高店铺的转化率，所以他计划为店铺的热销款台灯筛选优质买家秀内容。

操作指南

（1）浏览爆款台灯的客户评价，筛选出优秀的买家秀图片。

不错，触摸三档调节，土豪金颜色也很时尚，孩子很喜欢

挺好的

这款台灯很不错，先前的老式灯管的早该换了，现在都流行led，造型小巧美观，节约空间，关键光线照出来舒服明亮，不是很白也不黄，对眼睛不刺激，一个是灯本身的颜色很漂亮，淡淡的金属粉色，底盘是白色，可是电线却是黑色，很不搭。如果做成白色会漂亮很多。

非常好用 款式大方简洁 孩子也很喜欢 三个档位非常实用 赞赞赞

总体来说简约又不失时尚，三档亮度调节，灯体角度和高度也可自由调节，十分满意！我家宝贝一收到货就迫不急待地用起来。

除了感觉价位高外，目前没别的诉求，收到后如评价所述，光线柔和、不刺眼，总共三档，由弱到强，不刺眼，包括式样和颜色都是我喜欢的，触屏式按钮更方便，期待使用寿命和本身的质量物有所值。

（2）填写表格。

评价	是否选择	选择原因
台灯评价 1		
台灯评价 2		
台灯评价 3		
台灯评价 4		
台灯评价 5		
台灯评价 6		

任务评价

评价内容	分值	评价		
		自我评价	小组评价	教师评价
筛选出优质买家秀内容	40			
入选优质买家秀内容的理由充分	60			
合计	100			

▶ 任务四　淘金币专区

📹 任务导入

　　小营听说淘金币可以增加店铺人气，帮助店铺获得更多的客户访问量，所以他打算使用淘金币做一次活动。他制定了以下任务单（见表 3-4）。

表 3-4　任务单

岗位	工作项目	具体要求	完成时限	验收
运营	策划淘金币活动	策划淘金币活动的内容	2课时	
美工	设计淘金币活动海报	根据运营的活动计划，设计相应的活动海报	2课时	
客服	了解淘金币活动内容	了解淘金币活动的具体内容，应对买家咨询	2课时	
推广	淘金币活动设置	对淘金币活动进行设置	2课时	
验收人				

知识探究

一、什么是淘金币

淘金币是淘宝站内比较实用且深受买卖双方喜欢的推广工具。买家可以通过参与店铺的一些活动（如关注、购物、直播间互动等）来赚取金币，在购物时即可利用平时累积的金币抵扣部分现金，而卖家可以通过与买家交易赚取金币，并利用金币工具获得流量及运营维护店铺粉丝。

微课：策划淘金币
抵钱活动

二、淘金币营销工具

淘金币营销工具包括全店金币抵扣、金币店铺粉丝运营、直播亲密度工具、金币频道推广、金币流量保障，如图3-69所示。其中全店金币抵扣可以理解为卖家赚取淘金币的工具，而后四者则是卖家通过消耗淘金币来获取流量的工具。不同的淘金币营销工具需单独开通，开通的门槛要求、带来的营销效果都各不一样。

图 3-69　淘金币营销工具

1. 全店金币抵扣

全店金币抵扣是指买家在下单购买店铺支持抵扣的商品时，可使用金币抵扣一定的商品金额。卖家开通该工具后，当有买家使用抵扣金币购买商品时，店铺即可获得相应的金币（买家抵扣金币的70％自动进入卖家淘金币账户，30％回收到淘金币系统平台），比如买家用了100金币抵扣商品金额，则卖家可获得的金币为70金币。

为了让更多的新卖家使用淘金币工具来促进转化和成交，目前全店金币抵扣工具对集市卖家的开通门槛要求有所降低，具体如表3-5所示。

表3-5　全店金币抵扣工具开通门槛要求

门槛类型	门槛要求
店铺信用等级	不做要求
开店时长	不做要求
近90天店铺支付宝成交额	大于0元
本年度内严重违规行为扣分	小于12分
本年度内出售假冒商品违规行为扣分	小于12分

卖家开通全店金币抵扣工具后即默认全店商品支持淘金币抵扣，抵扣比例支持3％、5％和10％，特殊类目（手机、大家电、电脑/笔记本电脑、电脑硬件/显示器/电脑周边、品牌台式机/品牌一体机/服务器、平板电脑/MID、数码相机/单反相机/摄像机、婴童尿裤等类目）支持抵扣2％。同时可设置店内最多20个商品的抵扣比例高于全店，最多5个商品不参与淘金币抵扣。具体的设置页面如图3-70所示。

图3-70　全店金币抵扣工具的设置页面

当商品的淘金币抵扣比例高于3％时（特殊类目除外），淘宝全网全链路如手淘猜你喜欢、手淘搜索结果页、商品详情页、下单付款页等会自动显示淘金币抵扣标志，如图3-71所示。

2. 金币频道推广

金币频道推广是卖家在淘金币频道内以"按点击付金币"的方式进行店铺推广的一种工具。卖家开通该工具后，系统会通过智能算法，以千人千面的原则在淘金币频道专

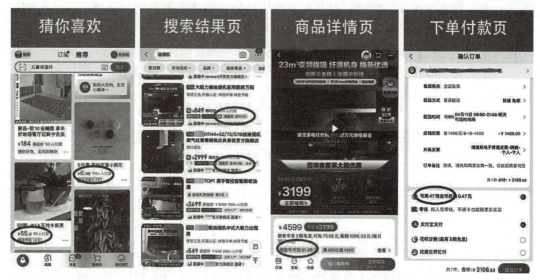

图 3-71 淘金币抵扣标志展示效果

区推荐转化率较高的推广内容，如商品、店铺、直播和短视频等，实现精准流量匹配。展示推广内容无须支付淘金币，但当用户点击推广内容后卖家则需要支付相应的淘金币。

金币频道推广工具的开通门槛要求（以集市卖家为例）如表 3-6 所示。

表 3-6 金币频道推广工具的开通门槛要求（以集市卖家为例）

门槛类型	门槛要求
店铺信用等级	大于等于 3 钻
开店时长	大于等于 90 天
近 30 天店铺支付宝成交笔数	大于等于 10 笔
本年度内一般违规行为累计扣分	小于 12 分
本年度内严重违规行为扣分	小于 12 分
本年度内出售假冒商品违规扣分	小于 0 分
DSR 三项评分	大于等于 4.6 分
店铺淘金币账户余额	大于等于 0
是否开通全店金币抵扣工具	是

金币频道推广工具的相关规则如下：

（1）金币频道推广可分为基础推广、竞价推广和混合出资推广，不同的推广方法，出价和支付方式、金币账户余额要求、获得的推广资源都不一样，具体区别如表 3-7 所示。

表 3-7 金币频道推广方法的具体区别

推广方法	出价和支付方式	金币账户余额要求	获得的推广资源
基础推广	卖家依据不同的推广内容、商品类目和推广区域的收费标准按点击次数实时地划扣淘金币到官方账户进行推广	搜索区推广账户余额大于等于 1 000；推荐区推广账户余额大于等于 10 000	依据店铺综合评分、商品综合竞争力进行打分，如果商品的综合打分及竞争力弱于同期商品，也不一定会获得曝光

续表

推广方法	出价和支付方式	金币账户余额要求	获得的推广资源
竞价推广	卖家通过淘金币竞价的方式来获取淘金币频道内更多的精准流量。竞价成功的卖家在淘金币频道内以按点击次数支付淘金币给淘金币官方账户的方式进行推广	大于等于 10 000	优先推荐，在淘金币频道推荐区，商品左上角展现"hot"角标
混合出资推广	卖家在淘金币频道内以按商品被点击的次数支付"淘金币＋现金"给淘金币官方账户的方式进行商品推广。不同的推广内容和商品类目收费标准不一样	大于等于 10 000	优先推荐，在淘金币频道推荐区，商品左上角展现"热门"角标

（2）金币频道推广的收费标准如表 3-8 所示，此处以基础推广和混合出资推广为例，竞价推广由卖家自定义。

表 3-8 金币频道推广的收费标准

推广内容	推广方法	基础类目	特殊类目
商品	基础推广（推荐区）	45 金币	72 金币
	基础推广（搜索区）	70 金币	112 金币
	混合出资推广	11 金币＋0.21 元	17 金币＋0.33 元
店铺	基础推广	45 金币	72 金币
	混合出资推广	15 金币＋0.3 元	24 金币＋0.48 元
直播	基础推广	100 金币	160 金币
	混合出资推广	34 金币＋0.66 元	54 金币＋1.06 元

金币频道基础推广的设置页面如图 3-72 所示。卖家开通该工具 3～5 天后，默认店铺内所有参与淘金币抵扣的商品会在淘金币频道获得推广，个性化地推荐给用户，如图 3-73 所示。而竞价推广和混合出资推广则需卖家根据店铺情况自行设置。

金币频道基础推广 72小时内生效

关键字：【精准推广】【成交转化】算法个性化推荐，系统自动识别转化效率较高的推广类型（商品/店铺/直播/短视频类型），并按用户点击消耗商家淘金币，全方位、综合性的提升展示效率，助力商家金币频道成交转化

消耗单价 32金币/点击，不同类目、不同类型消耗不同，具体单价可查看

消耗门槛 搜索区10000淘金币起，推荐区10000淘金币起

高级设置 □ 纯金币竞价 ?
　　　　　 □ 混合出资：余额 ¥0.00
　　　　　　　单次点击消耗10淘金币+0.19元起，详情

图 3-72 金币频道基础推广的设置页面

图 3 - 73　金币频道基础推广信息展示效果

3. 金币店铺粉丝运营

金币店铺粉丝运营是原"好店关注送金币"工具的升级版，它保留了原有用户进店及关注店铺送金币功能，还新增了引导用户浏览 10 秒送金币、定向推广商品送金币、引导用户进直播间送金币等功能。

卖家开通金币店铺粉丝运营工具后，可在淘金币频道内的逛店铺专区，依据每日浏览店铺任务完成人数、关注订阅店铺人数、点击活动商品人数、观看直播人数，以给淘金币官方账户支付"淘金币"或"淘金币＋现金"的方式进行店铺粉丝运营。

金币店铺粉丝运营工具的开通门槛要求（以集市卖家为例）如表 3 - 9 所示。

表 3 - 9　金币店铺粉丝运营工具的开通门槛要求（以集市卖家为例）

门槛类型	门槛要求
店铺信用等级	大于等于 3 钻
开店时长	大于等于 90 天
本年度内一般违规行为累计扣分	小于 12 分
本年度内严重违规行为扣分	小于 12 分
本年度内出售假冒商品违规行为扣分	小于等于 0 分
DSR 三项评分	大于等于 4.6 分
店铺淘金币账户余额	大于等于 0
是否开通全店金币抵扣工具	是

不同的粉丝运营推广项目收费不同，卖家可以选择纯金币计费模式或"淘金币＋现金"的混合计费模式。具体收费标准如表 3 - 10 所示。

表 3 - 10　金币店铺粉丝运营工具的收费标准

粉丝运营推广项目	纯金币计费模式	混合计费模式
浏览店铺	30 金币/uv	（5 金币＋0.2 元）/uv
关注订阅店铺	200 金币/uv	（40 金币＋1 元）/uv

续表

粉丝运营推广项目	纯金币计费模式	混合计费模式
观看直播	120金币/uv	（25金币＋0.6元）/uv
点击定向推广商品	60金币/uv	（15金币＋0.3元）/uv

值得注意的是，卖家开通金币店铺粉丝运营工具后，还要满足卖家淘金币账户内的可冻结淘金币≥10 000且充值账户余额大于或等于单次点击所需的资金及金币的条件，店铺才能在淘金币频道内的好店推荐专区推广。

金币店铺粉丝运营工具开通后即默认浏览店铺送金币功能自动开通，而"订阅店铺"、"首推商品"以及"去直播间"模块卖家可自由选择是否开通。金币店铺粉丝运营工具的设置页面如图3-74所示。卖家设置完毕后，系统会通过智能运算在淘金币频道的"逛店铺"专区将所设置的运营内容（如店铺、商品、直播间视频等）展示给目标买家，如图3-75所示。

图3-74 金币店铺粉丝运营工具的设置页面

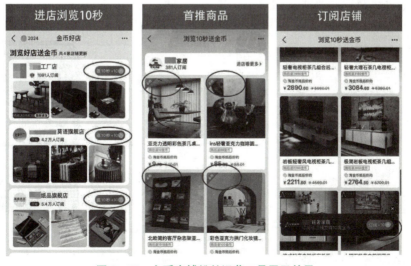

图3-75 金币店铺粉丝运营工具展示效果

4. 直播亲密度工具

直播亲密度工具仅支持已开通直播功能的卖家使用。卖家开通直播亲密度工具后，当直播间用户完成指定分数的亲密度任务后，卖家将淘金币发放给完成任务的用户作为奖励，从而使用户完成从新粉、钻粉到挚爱粉的升级，有效地提高直播间粉丝的活跃度，引导用户更加积极地参与直播间内的互动和购买，如图3-76所示。

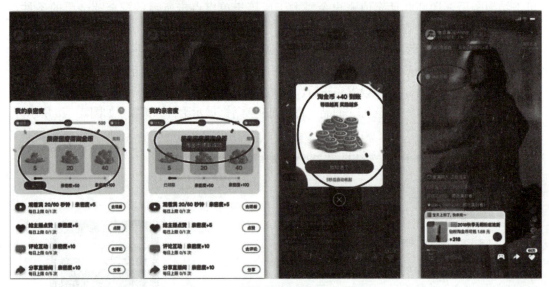

图3-76 直播亲密度工具展示效果

直播亲密度工具的开通门槛要求：（1）卖家已开通直播权限；（2）卖家已开通淘金币频道推广工具；（3）卖家已开通淘金币全店抵扣功能与直播渠道推广工具；（4）店铺的淘金币余额大于10 000。

直播亲密度工具的设置页面如图3-77所示。

直播间亲密度兑淘金币 实时生效　　　　　　　　　　　　　　　　　　　　未开通

开通后，直播间将获得更高的流量加权。商家通过发放淘金币奖励，引导粉丝更多参与直播间内互动和购买。

消耗单价	最高170金币/人
消耗门槛	3000淘金币起
高级设置	直播亲密度工具管理

图3-77 直播亲密度工具的设置页面

5. 金币流量保障

为了保证店铺活动期内或平台官方大型营销活动期间卖家能为自己的店铺及直播间获取更多的展现机会，淘金币推出了金币流量保障工具。

金币流量保障工具包括店铺保量和直播间保量。卖家开通金币流量保障工具后，可依据自己的需求设置保量计划，自由选择在淘金币频道中展示进店入口或者进直播间入口的确定性机会，更好更精准地为店铺或直播间引流吸粉，如图 3-78 所示。金币流量保障工具适合头部卖家使用，可以在短时间内使店铺获得大量流量。

金币流量保障工具的开通门槛要求如表 3-11 所示。

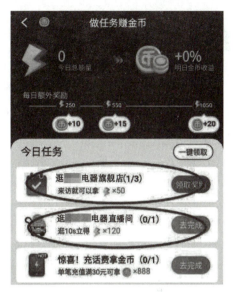

图 3-78 金币流量保障工具展示效果

表 3-11 金币流量保障工具的开通门槛要求

门槛类型	门槛要求
卖家类型	目前只面向天猫商家开通
是否符合天猫商家营销准入基础规则	是
是否需要开通淘金币抵扣和频道推广工具	是
金币余额	大于等于 400 万
近 30 天店铺支付宝成交笔数或近 30 天店铺支付宝成交金额	笔数大于等于 4 万或成交金额大于等于 200 万元

金币流量保障工具的设置页面如图 3-79 所示。

图 3-79 金币流量保障工具的设置页面

121

三、淘金币的营销方法

淘金币的各种营销工具能给店铺带来不同的营销效果，在认识淘金币的营销方法前先了解淘金币营销工具的关系与作用，能为卖家制定合理的淘金币营销策略提供帮助。淘金币营销工具的关系与作用如图3-80所示。

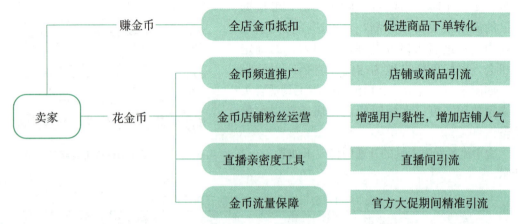

图3-80　淘金币营销工具的关系与作用

根据淘金币营销工具的关系与作用，卖家利用淘金币进行营销实际上分为两个步骤：

第一步：开通全店金币抵扣工具。卖家通过全店金币抵扣工具赚取淘金币，可为后面利用淘金币工具推广引流储备好淘金币，因此开通全店金币抵扣工具是必需步骤。

第二步：选择需要开通的推广工具。卖家根据自身情况选择适合店铺的淘金币营销工具（金币频道推广、金币店铺粉丝运营、直播亲密度工具、金币流量保障），可以同时选择多种推广工具来获取淘金币平台的精准流量及实现不同的营销效果。

完成以上两个步骤后，系统会按照卖家开通的工具自动扣除赚取的淘金币进行推广。

德技并修·德才兼备

淘宝上线新公益项目，淘金币首次接入公益捐赠功能

2022年3月4日，淘宝互动宣布打通阿里公益，用户只要进入淘金币页面，每天选择捐出最多60个淘金币，即能为高龄残疾、独居失能的老人们提供一份免费午餐，由公益伙伴定点送到老人手中，改善他们所面临的生活困境，身体力行参与到公益事业中。

我国老龄化趋势日益明显，日常生活中，空巢独居、高龄失智等弱势老人常常需要直面各种生活难题，本来稀松平常的点火做饭，也变成了他们生活中的一大困难。此次淘金币联动公益机构服务的对象，就是这些60岁以上经济困难的重病残疾老人，旨在从为社区中就餐困难的老人提供公益午餐开始，破解他们"老无所依"的生活困境。

"我们接到大量用户反馈，希望有更多元的通道来参与公益行动，因此引入了公益项

目。"淘宝淘金币项目负责人介绍，对淘金币捐赠进行限制，主要是担心给用户带来过重的道德压力，"捐多捐少都是一份心意，关键是希望更多的用户有参与公益的意识，不论是线上还是线下，去帮助那些需要帮助的群体。"

据介绍，作为首期公益项目，淘宝计划募捐 10 亿个淘金币用于项目运行，首批淘金币捐赠的项目执行点也已经确定，共计 10 个，分布在甘肃武威、安徽阜阳、陕西渭南、江苏镇江等地，公益组织将联合当地老年服务中心、社区等机构，为有需求的老人提供助餐服务，并阶段性提供捐赠信息反馈。

业内分析人士认为，此次开放的淘金币兑换链路，与此前的"交易捐"模式不太相同，更多是从产品端入手，把用户潜移默化的捐赠行为向主动捐赠引导，捐赠几十个淘金币看起来数量不多，但淘金币在淘宝 App 首页上方的中心位置，依托淘宝日活，相当于淘宝为公益放开了核心流量入口。

📽 任务实施

一、制订店铺的淘金币营销计划

为了提高店铺的转化率，使访问店铺的买家尽可能成交，小营策划了一次淘金币营销活动。为了避免抵扣比例设置不当产生亏本交易，小营通过计算经营成本，将全店商品的淘金币抵扣比例设定为 3％，活动款商品抵扣比例设定为 5％，利润款商品抵扣比例设定为 10％。

二、将淘金币营销计划应用到店铺中

（1）打开千牛卖家中心后台，点击"营销"—"营销场景"—"淘金币"，进入淘金币后台的金币工具推荐区域，选择全店金币抵扣工具，如图 3－81 所示。

图 3－81　选择全店金币抵扣工具

（2）进入全店金币抵扣工具设置页面后，点击右上角的"开通"按钮，使金币抵扣工具处于"已开通"状态，选择全店抵扣比例为3％，如图3-82所示。

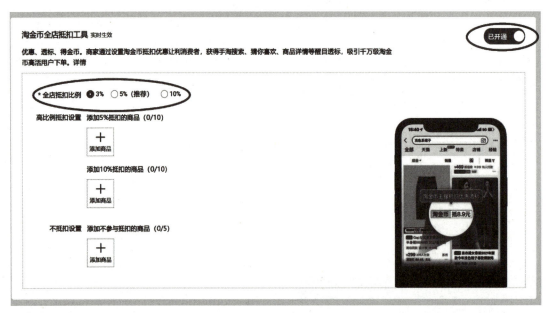

图3-82　开通全店金币抵扣工具并填写金币抵扣信息

（3）分别在5％抵扣的商品和10％抵扣的商品处添加活动款商品和利润款商品即可完成设置，添加完毕后的效果如图3-83所示。

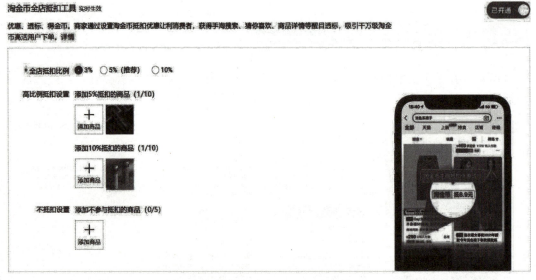

图3-83　设置活动款商品和利润款商品抵扣比例

同步实训

任务描述

小明了解到，淘金币是淘宝站内一个比较实用且深受买家喜欢的推广工具，所以他打算设置淘金币抵钱活动，通过抵扣一定的商品金额来提高店铺的转化率。请你帮助小明为各商品设置合适的淘金币抵扣比例。

操作指南

产品	图片	型号	成本价（元/台）	利润（元/台）	转化率	库存（台）	淘金币抵扣比例	理由
LED护眼灯		F150	80	28	1.2％	1 200		
儿童卡通灯		F151	70	35	2％	520		
LED夹子灯		F152	45	20	3.2％	851		
充电台灯		F153	352	100	1.5％	268		

任务评价

评价内容	分值	评价		
		自我评价	小组评价	教师评价
设定的抵扣比例合理	40			
设定抵扣比例的理由充分	60			
合计	100			

情境总结

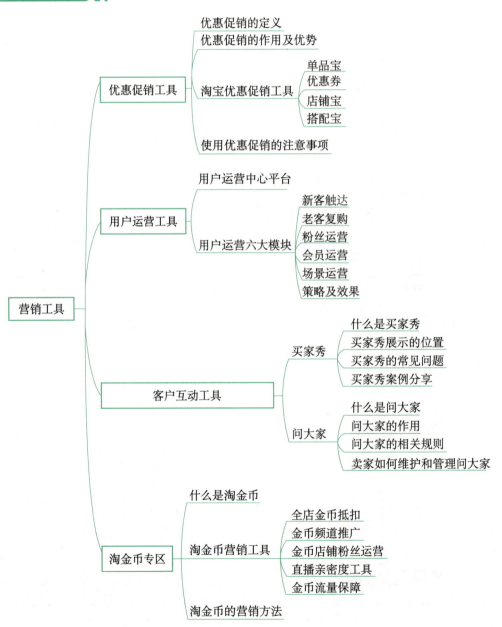

基础训练

制定网店新品推广营销方案

一、实训任务

店铺推出了一款新产品，需要结合目前的运营情况，选择合适的工具进行推广，请为这次新品推广制定营销方案。新品信息如下表所示。

品名	成本价	销售价	商品信息	主图
喜客多提环保温杯	19 元	60 元	真空 不锈钢 保温杯 提环杯 可爱造型 卡通动物系列 儿童女士使用	

二、任务实施

1. 新品卖点分析

品名	卖点
喜客多提环保温杯	

2. 新品优惠方案

优惠工具	优惠方式	是否采用	具体优惠内容
单品宝	打折		
	减钱		
	促销价		
优惠券	店铺优惠券		
	商品优惠券		
	裂变优惠券		
店铺宝	满减		
	满折		
	满包邮		
	满送赠品		
	满送权益		
	满送优惠券		
搭配宝	自选商品套餐		
	固定组合套餐		

续表

优惠工具	优惠方式	是否采用	具体优惠内容
用户运营	优惠券		
	送赠品		
	送权益		
	专享价		
客户互动工具	带图评价返现		
	积极回答问题返现		
淘金币	淘金币抵钱		
	订阅送淘金币		
	浏览送淘金币		

3. 首页主推海报设计要点

品名	配色风格	促销信息	主标题	副标题
喜客多提环保温杯				

三、任务评价

评价内容	分值	评价		
		自我评价	小组评价	教师评价
产品卖点把握准确	10			
促销工具选择合理	20			
促销价格制定合理	10			
海报文案主题突出	20			
海报设计美观、有吸引力	20			
促销效果良好	20			
合计	100			

拓展训练

　　店铺最近上架了一款新品，需要运营主推这款新品，希望在一个月内能进搜索结果第一页，请你选择合适的营销工具，帮助店铺推广该新品。

在线资源

拓展学习

关键词点击

互动练习

学习情境四

数据分析（生意参谋）

▶️ **情境介绍** ❚❚

　　随着云时代的来临，人们对数据越来越关注，数据化运营也被越来越多的商家所采用。

　　经过一段时间的忙碌，小营的淘宝店铺正式开始营业了。小营信心满满，期待着自己的商品上架后能大卖，几个月的努力能够得到回报。然而商场如战场，淘宝网上竞争激烈，小营该如何关注店铺实时来源和访问情况？如何掌握经营状况？如何洞悉竞争对手，争取先机？

✅ **学习目标** ❚❚

● **知识目标**

1. 了解实时分析的内容，掌握实时分析的方法。
2. 了解流量分析的内容，掌握流量分析的方法。
3. 了解品类分析的内容，掌握品类分析的方法。
4. 了解交易分析和服务分析的基本内容。

● **技能目标**

1. 能够运用实时直播中提供的实时数据，分析店铺的实时状况。
2. 能够运用流量分析数据，分析店铺的流量情况，提高转化率。
3. 能够运用品类分析数据，诊断店铺中商品存在的问题，完善商品管理。
4. 能够根据交易构成、退款率等数据，分析店铺引流情况与服务质量。

● **素养目标**

1. 弘扬党的二十大精神，培养诚信经营、守正创新的优良品质。
2. 培养良好的心理素质，提高服务意识。

▶ 任务一　实时分析

📷 任务导入

　　小营的淘宝店铺已进入有序运营阶段，他每天都到自己的店铺主页逛逛，了解一下客户对店铺内商品的关注度。那么，小营如何才能知道有多少客户访问了店铺？他们通过什么方式进来，来自哪里，浏览了哪些商品，访问了哪些页面呢？其实，这些信息都可以通过生意参谋提供的数据分析获得。为了使店铺的经营决策有计划地推进，小营制定了以下任务单（见表4-1）。

表4-1　任务单

岗位	工作项目	具体要求	完成时限	验收
运营	实时分析	对店铺指标进行实时观察，估测发展趋势和转化情况	2课时	
客服	催付订单款	根据运营在实时催付宝选出的有价值客户，编写催单短语，联系未付款客户	2课时	
美工	做好商品的详情页和主图	根据运营数据分析，修改商品详情页、主图	2课时	
推广	做好营销推广	根据运营数据分析，选择好的营销推广手段	2课时	
验收人				

◎ 知识探究

　　市场的变化极快，店铺运营者都希望第一时间看到店铺当前的变化情况。对于淘宝店铺而言，数据是对经营成果的最好说明，因此每个卖家都必须掌握和重视数据分析。

一、数据分析

1. 什么是数据分析

　　数据分析是指运用一定的统计分析方法，从收集到的数据中提取有用的信息，分门别类考察其本质和内在联系的过程。

2. 网店数据分析的作用

　　通过数据分析，卖家可以客观地了解自己店铺在淘宝网的排列位置、所发布商品的受关注程度、受到哪些地区的客户青睐、经营状况怎么样、存在什么问题等，为店铺提高日常管理水平和做好下一步的战略部署提供决策依据，从而促进店铺的有效运营，大幅提升创业成功的概率。

3. 数据分析的工具

淘宝店铺的运营者主要用生意参谋对店铺进行数据分析。生意参谋页面主要有 18 个功能模块，能够提供淘宝卖家所需的各种数据，卖家可以从 18 个功能模块中选择自己想要了解的某一功能数据，查看不同终端（电脑端、无线端）、不同时间（1 天、7 天、30天）、不同指标的数值或者趋势图，了解店铺的实时情况，如图 4-1 所示。

图 4-1　生意参谋的主要功能

生意参谋的主要功能模块与作用如表 4-2 所示。

表 4-2　生意参谋的主要功能模块与作用

功能模块	介绍	作用
首页	集合了店铺运营过程中所需的最核心数据指标以及官方诊断建议，据此可快速了解店铺整体状况	可以通过运营视窗、服务视窗、管理视窗了解不同维度的数据，可以参考官方诊断建议进行店铺数据优化
实时	提供实时概况、来源、榜单、访客、可催付的订单等方面的数据	可以跟踪商品的推广引流效果，观测实时数据，发现问题及时优化调整策略
作战室	提供大屏作战、监控作战、活动作战、配置管理等板块内容	为付费商家提供专属数据直播间，实现全局指挥、实时决策
流量	提供流量概况、来源分析、动线分析、消费者分析等功能	使卖家能够全面了解店铺流量情况，了解店铺每个渠道的流量、转化、来源关键词等重点信息
品类	提供实时的商品榜单、异常预警、缺货预警等 10 个功能维度，使商品信息更加数据化、简易化	使卖家能够全方位了解店铺商品以及类目的各个指标，方便卖家对商品进行精细化运营
交易	提供店铺交易概况、构成、交易明细数据	从店铺整体到不同粒度细分店铺交易情况，及时掌握店铺交易问题，并提供资金回流行动点
直播	查看直播功能整体数据	根据直播的各项数据，卖家及时掌握直播效果，进行直播复盘
内容	对全屏页样式短视频效果、不同内容场景（直播、微详情、订阅、逛逛、头圈）和不同创作者身份进行全面分析，并可以从流量、商品和活动场景等方面追踪数据	对短视频内容场景进行深度分析，对每个环节的转化率进行优化，了解不同创作者的视频效果
服务	提供店铺客服服务、客服绩效、售后维权等相关数据	帮助商家了解店铺服务情况，监控客服绩效，提升客服效果
营销	提供营销工具和营销效果方面的数据	帮助卖家了解各类营销工具和营销玩法的投放效果，根据推广数据调整推广策略
物流	提供物流分布、监控、包裹派送、服务评价等方面的数据	帮助卖家了解物流环节是否正常，及时处理异常情况
财务	提供店铺收入、成本方面的数据	卖家通过财务分析了解店铺盈亏情况

续表

功能模块	介绍	作用
市场	提供专业版和标准版两种市场行情方面的数据	帮助付费卖家了解行业走势、热门店铺、热销商品、热门关键词等信息，使卖家能够洞悉行业，把握先机
竞争	提供竞争店铺、竞争商品、竞争品牌三大方面的数据，商家可自由配置竞争店铺、商品或品牌	帮助付费卖家全面挖掘竞争对手，了解竞争对手核心数据，实现竞店、竞品的精准监控，帮助卖家实现精细化运营
业务专区	提供特别渠道的数据分析工具，比如会员分析、手淘信息流、营销专区、海外业务、天猫金融等	帮助卖家一目了然地了解与之合作的各个业务部门的数据情况
自助分析	提供店铺、商品所有指标的数据下载，可以根据不同时间周期进行取数	卖家通过官方提供的报表取数或者自定义取数功能，了解店铺和商品日、周、月的综合数据情况
人群	围绕店铺、单品、大促、内容、服务等维度，一键圈选潜力人群	对这些人群进行精准运营和洞察跟踪
学堂	培养商家数据化运营能力的学习互动平台	帮助卖家快速了解生意参谋产品的功能，理解数据的意义，提升数据化运营能力

生意参谋提供了各种精准数据，能够帮助卖家及时、全面地了解自己店铺的经营情况，找到店铺存在的问题，看清市场行情，指导卖家解决出现的问题，调整运营推广方案，进一步完善店铺。

二、首页

生意参谋首页如图 4-2 所示。

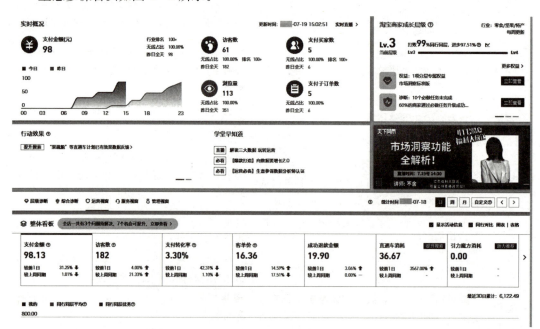

图 4-2　生意参谋首页

首页提供了六项重要指标：实时概况、店铺概况、实时访客榜、运营视窗、管理视窗和服务视窗。如表 4-3 所示。

表 4-3 首页指标

指标	指标介绍	指标意义
实时概况	反映当天支付金额、访客数、浏览量、支付买家数和支付子订单数的实时数据	了解实时数据，同时与昨日数据进行比较，方便卖家了解当天数据是否正常
店铺概况	反映店铺的主营类目以及店铺近 30 天的支付金额在当前类目中的排名情况	可以查看店铺层级是上涨状态、下滑状态还是正常状态。当前位置可以设置本月销售目标，系统会自动统计当月的销售进度
实时访客榜	反映当天店铺商品的实时访客数	了解店铺商品的流量情况
运营视窗	提供整体看板、流量看板、转化看板、客单看板、内容看板、竞争情报、行业排行等与运营相关的详细数据	可以查看店铺支付金额、访客数、支付转化率、付费渠道花费、收藏人数、加购人数、加购件数等数据，与同行平均水平、同行优秀水平进行对比，找出店铺中存在的问题
管理视窗	提供推广看板、退款看板、内容看板、类目看板、竞争情报、行业排行等与管理相关的数据	可以看到店铺流量来源、推广效果、退款以及竞争等数据，从整体上了解店铺现状
服务视窗	提供咨询看板、评价看板、退款看板等与店铺服务相关的数据	可以查看店铺动态评分的变化趋势、评价信息以及客服转化效果，根据获取的信息及时处理店铺中的问题

实时概况页面如图 4-3 所示。

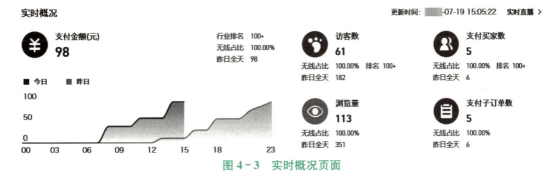

图 4-3 实时概况页面

下面重点介绍运营视窗下的数据指标。运营视窗下涵盖了整体看板、流量看板、转化看板、客单看板、内容看板、竞争情报、行业排行等指标。

整体看板页面如图 4-4 所示。

整体看板指标见表 4-4。

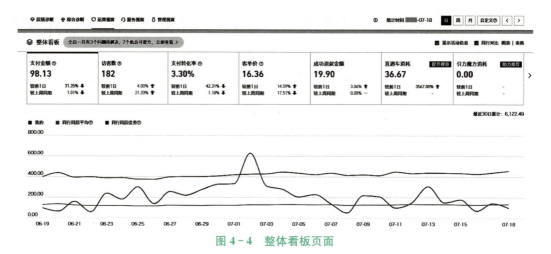

图 4-4　整体看板页面

表 4-4　整体看板指标

指标	指标介绍	指标意义
支付金额	买家拍下商品后通过支付宝支付给卖家的金额，未剔除事后退款金额，预售阶段付款在付清当天才计入	了解店铺销售情况
访客数	0点截至当前时间，访问店铺页面或商品详情页的去重人数	访客数越高，说明店铺引流效果越好
支付转化率	统计时间内支付买家数÷访客数×100%，即来访客户转化为支付买家的比例	转化率越高，说明店铺流量转化情况越好
客单价	统计日期内支付金额÷支付买家数，即平均每个支付买家的支付金额	表示人均消费金额高低，体现店铺关联营销效果
成功退款金额	统计日期内买家售中售后成功退款的金额之和，不包括买家发起退款申请日期数据	退款金额高，说明店铺商品和服务有待提升
直通车消耗	统计日期内直通车消耗的推广费用	体现直通车的投入情况
引力魔方消耗	统计日期内引力魔方消耗的推广费用	体现引力魔方的投入情况

流量看板页面如图 4-5 所示。

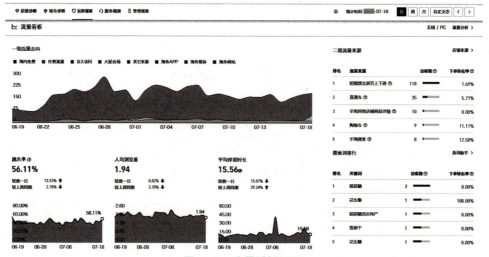

图 4-5　流量看板页面

流量看板指标见表4-5。

表4-5　流量看板指标

指标	指标介绍	指标意义
一级流量走向	流量的渠道归类	流量的渠道种类越多越好
二级流量来源	一级流量来源的明细分类	流量来源的访客数越多越好，下单转化率越高越好
跳失率	统计时间内访客中没有发生点击行为的人数÷访客数×100%	跳失率越低，表示流量的质量越好
人均浏览量	浏览量÷访客数，多天的人均浏览量为各天人均浏览量的日均值	浏览量越高越好，表示浏览的页面越多
平均停留时长	店铺所有访客总的停留时长÷访客数，单位为秒，多天的人均停留时长为各天人均停留时长的日均值	停留时间越长，表示访客对店铺越感兴趣
搜索词排行	店铺商品被搜索的关键词排行	通过排名情况选择合适的关键词优化商品标题和描述，提高商品曝光度和销量

转化看板页面如图4-6所示。

图4-6　转化看板页面

转化看板指标见表4-6。

表4-6　转化看板指标

指标	指标介绍	指标意义
访客收藏转化率	收藏购买人数÷总收藏量×100%	指标越高，说明访客中收藏店铺商品的人数越多，商品受欢迎程度越高
访客加购转化率	加购数量÷总流量×100%	指标越高，说明访客中将店铺商品加入购物车的人数越多，商品潜在转化机会越大
访客支付转化率	统计时间内支付买家数÷访客数×100%，即来访客户转化为支付买家的比例	指标越高，说明访客中下单的人数越多

客单看板页面如图 4 - 7 所示。

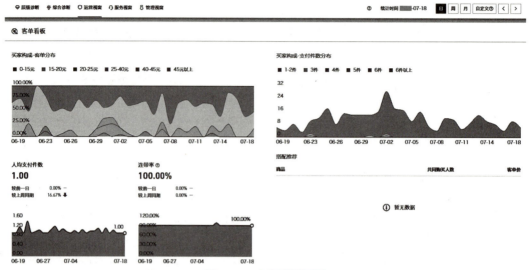

图 4 - 7　客单看板页面

客单看板指标见表 4 - 7。

表 4 - 7　客单看板指标

指标	指标介绍	指标意义
买家构成-客单分布	统计时间内买家各客单价区间占比	占比越高，说明店铺当前该客单价的商品销售越多
买家构成-支付件数分布	统计时间内买家完成支付的商品数量的分布情况	反映客户购买不同数量商品的分布情况
人均支付件数	统计时间内买家完成支付的商品数量	反映店铺关联营销效果情况
连带率	销售总数量÷销售小票数量×100%	表示买家每次付款购买的商品数量提升情况
搭配推荐	列示商品搭配情况的数据	依照系统推荐的商品进行灵活搭配，达到商品全面引爆的目的

内容看板页面如图 4 - 8 所示。

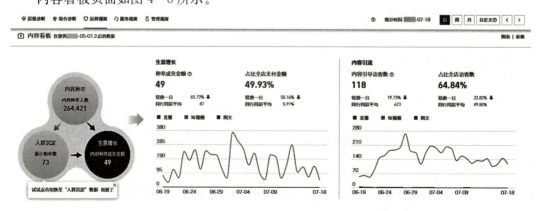

图 4 - 8　内容看板页面

内容看板指标见表4-8。

表4-8　内容看板指标

指标	指标介绍	指标意义
内容种草人数	统计周期内，15天内观看短视频3秒及以上或者点击短视频下挂的本店商品或者加购短视频下挂的本店商品、浏览图文3秒及以上或者点击图文下挂的本店商品或者加购图文下挂的本店商品、点击直播间下挂的本店商品的去重人数之和	反映店铺内容运营的效果
种草粉丝人数	关注店铺的粉丝参与内容种草的人数	反映店铺粉丝运营的效果
累计粉丝数	统计时段内关注店铺或账号的所有用户数（去重）	反映店铺内容运营的效果
种草成交金额	内容种草人数15天内引导支付成功的商品金额之和	反映店铺内容运营的效果
占比全店支付金额	种草成交额占店铺整体销售额的比重	占比越高，说明内容运营的营销效果越好
内容引导访客数	统计周期内，观看店铺自播直播间、观看自制全屏页短视频3秒及以上、浏览自制图文3秒及以上、观看微详情短视频3秒及以上，或者通过点击所有下挂本店商品的直播/图文/短视频进入商品详情页的去重人数	指标越高，说明内容引流的效果越好
占比全店访客数	内容引导访客数与店铺所有访客数之间的比例	指标越高，说明内容引流的效果越好

竞争情报页面如图4-9所示。

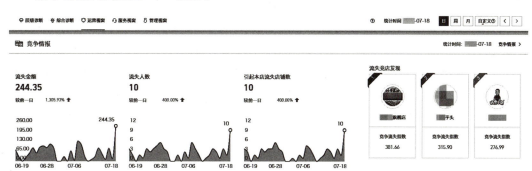

图4-9　竞争情报页面

竞争情报指标见表4-9。

表4-9　竞争情报指标

指标	指标介绍	指标意义
流失金额	客户在浏览完自家店铺后，跳转到其他同行店铺下单的金额	流失金额越大，说明店铺商品竞争力越弱
流失人数	客户在浏览完自家店铺后，跳转到其他同行店铺下单的人数	流失人数越大，说明店铺商品竞争力越弱

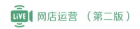

续表

指标	指标介绍	指标意义
引起本店流失店铺数	客户在浏览完自家店铺后，跳转到其他同行店铺的数量	反映行业的竞争情况，该指标越高，说明行业竞争越激烈
流失竞店发现	客户在浏览完自家店铺后，跳转下单购买的同行店铺	方便卖家找到直接对标的竞争店铺

行业排行页面如图 4－10 所示，从中可以看到同行业的哪些店铺、哪些商品、哪些搜索词排名是最靠前的，它们的交易指数、人气情况一目了然。

店铺

排名	店铺	交易指数
1	良品铺子旗舰店	758,996
2	比比赞旗舰店	674,838
3	百草味旗舰店	674,497
4	三只松鼠旗舰店	670,223
5	每果时光旗舰店	400,412
6	好利来官方旗舰店	362,094
7	来伊份官方旗舰店	322,583
8	欧贝拉旗舰店	307,257
9	王小卤旗舰店	301,120
10	小呆呆零食店	295,397

商品

排名	商品	交易指数
1	【三只松鼠_每日坚果750g/30包】孕妇健康混合干果休闲小零食整箱	237,120
2	0脂肪全麦面包无糖精整箱粗粮黑麦代餐饱腹食品减低脂早餐吐司片	197,099
3	良品铺子零食大礼包七夕送女友超大巨型包猪饲料爆款小吃休闲食品	190,432
4	王小卤虎皮凤爪爆款零食小吃 休闲食品鸡爪子卤味熟食解馋小零食	179,351
5	蒙时代风干牛肉干500g*2斤正宗内蒙古特产手撕小零食袋装熟食真空	177,941
6	好利来半熟芝士双味2盒奥巧网红蛋糕节日零食糕点礼盒下午茶早餐	168,750
7	【资养颜】木瓜葛根果冻150g	167,862
8	麻桥牌精品大鸭舌 温州特产小吃熟食卤味休闲零食即食鸭舌头500g	167,392
9	百草味巨型零食大礼包7斤/30袋网红送女友休闲野营零食爆款小吃	164,489
10	草原达尔沁内蒙古手撕超干风干牛肉干小吃零食正宗香麻辣特产袋装	163,723

搜索词

排名	搜索词	搜索人气
1	零食	179,962
2	天猫超市	104,145
3	面包	103,228
4	辣条	80,922
5	零食大礼包	78,571
6	牛肉干	73,340
7	零食小吃 休闲食品	70,162
8	良品铺子	69,220
9	饼干	66,933
10	巧克力	64,057

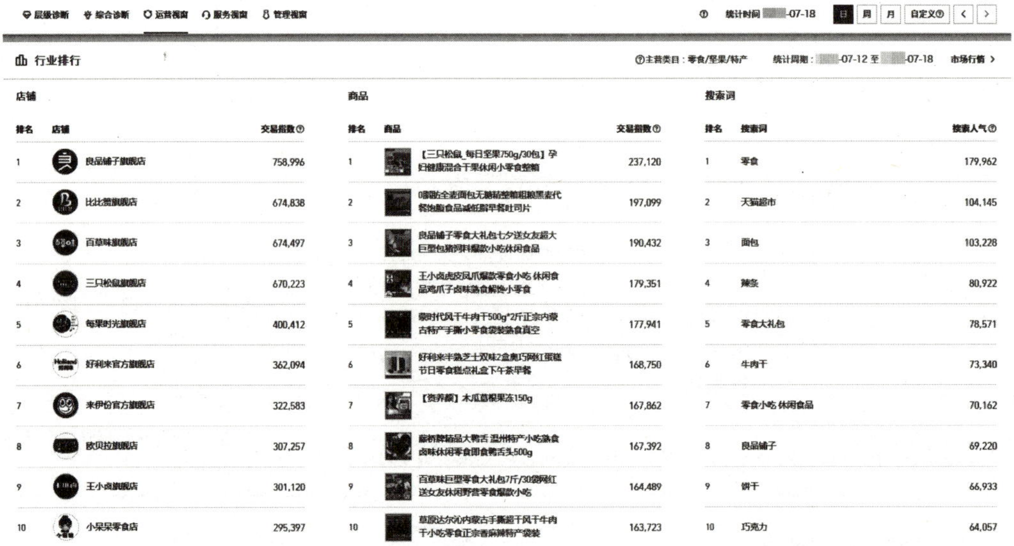

图 4－10　行业排行页面

首页能够提供整个店铺的核心数据，使卖家对当前店铺的人气、排名、商品、财务、服务、物流等方面的表现一目了然。首页可以帮助卖家看清自己的店铺哪些方面的数据是上升的、哪些方面的数据是下降的，跟同行业相比较哪些方面做得比较好、哪些方面需要加强。

三、实时

实时直播能够提供 5 大类型、12 个细目的数据，可以选择某一类型下面的细目，从中了解不同终端（所有终端、电脑端、无线端）、不同时间（今天、昨天）、不同地域（本地和外省）、不同访客类型（仅淘宝类型和全部）、不同访问页面（不限和指定商品）的实时数据情况。

扫一扫

微课：实时分析（一）

实时直播提供的关键指标有实时概况、实时来源、实时榜单、实时访客、实时催付宝，点击这些指标，可以详细了解相应的内容。

1. 实时概况

实时概况提供当天的实时数据，包括电脑端、无线端、所有终端

三种形式的实时总览、实时趋势、行业排名等项目，如图 4‑11 所示。

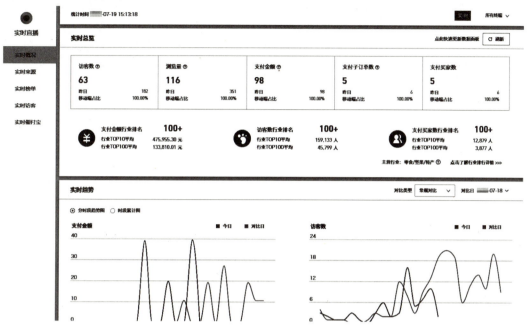

图 4‑11　实时概况页面

实时总览页面如图 4‑12 所示。

图 4‑12　实时总览页面

实时总览指标如表 4‑10 所示。

表 4‑10　实时总览指标

指标	指标介绍	指标意义
访客数	访问店铺页面或商品详情页的去重人数	指标越高越好，如果访客数较低，需要加大引流
浏览量	访问店铺页面或商品详情页的去重次数	指标越高越好，浏览量至少要求是访客数的 1.2 倍，如果达不到，说明店铺页面布局不够吸引买家或商品详情页没有做好商品关联，需要对店铺页面或详情页进行优化
支付金额	买家拍下后支付给卖家的金额	指标越高越好

续表

指标	指标介绍	指标意义
支付子订单数	统计时间内同一买家的支付笔数	指标越高越好
支付买家数	完成支付的去重买家人数	指标越高越好
支付金额、访客数、支付买家数行业排名	本店主营类目在支付金额、访客数、支付买家数方面的行业排名	据此可以了解本店主营类目的市场容量以及和 TOP10 卖家的差距

实时趋势以曲线图的形式反映实时数据的动态变化，如图 4-13 所示。

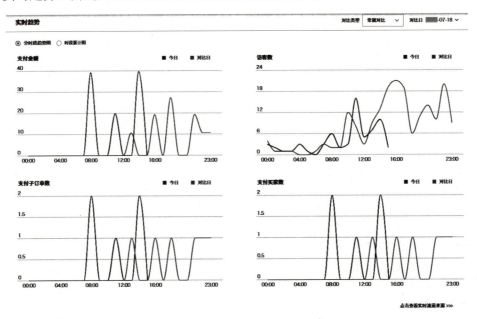

图 4-13　实时趋势页面

实时趋势指标见表 4-11。

表 4-11　实时趋势指标

指标	分时段趋势	时段趋势	实时趋势的作用
支付金额	越高越好	高于对比日为好，反之不佳	可以发现店铺人流量高峰期，优化商品上下架时间
访客数	越高越好	高于对比日为好，反之不佳	
支付子订单数	越高越好	高于对比日为好，反之不佳	
支付买家数	越高越好	高于对比日为好，反之不佳	

行业排名反映行业的实时趋势，从中可以了解店铺的排名情况以及品牌的排名情况。

2. 实时来源

实时来源反映在某一时间里，访客用什么方式进入店铺，他们分别来自哪些地区，如图 4-14 所示。电脑端流量来源有淘内免费（如淘宝站内其他、淘宝搜索、爱淘宝等）、付费流量、自主访问；无线端流量来源有淘内免费（如手淘搜索、手淘其他店铺商品详情、淘内免费其他、手淘首页、手淘消息中心、手淘我的评价等）、自主访问、

扫一扫

微课：实时分析（二）

付费流量（如直通车等）。

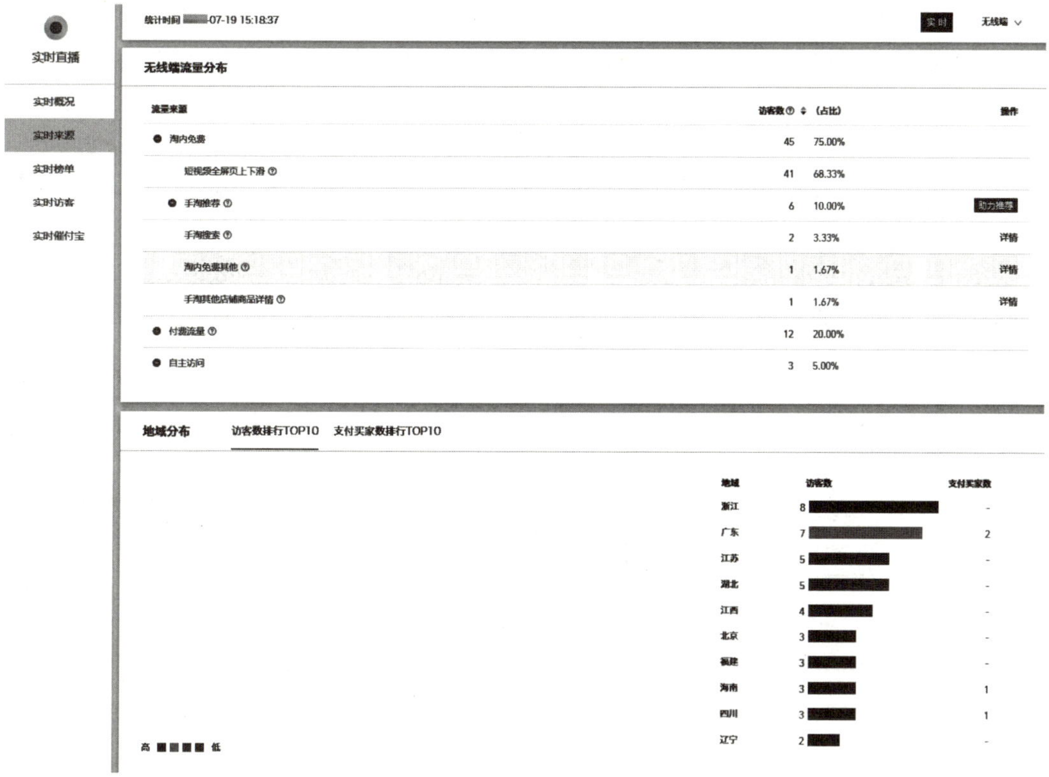

图 4 - 14　实时来源页面（以无线端为例）

从不同终端（所有终端、PC 端、无线端）可以看到进入店铺的访客数量、是付费者还是免费者、他们各自所占的比例以及访客所在城市分布情况，能够帮助卖家了解哪些地方的流量来源多、哪些地方的流量来源少，有哪些付费渠道和免费渠道，这些渠道的转化率是多少。

3. 实时榜单

实时榜单反映了在统计时间里，被搜索最多的商品的名次排位，如图 4 - 15 所示。可以看到访客数 TOP50、加购件数 TOP50 和支付金额 TOP50 三个项目的内容，点击每个商品后面的"趋势"，可以勾选浏览量、访客数、支付金额、支付买家数、支付转化率指标，通过曲线高低变化了解指标的实时情况。

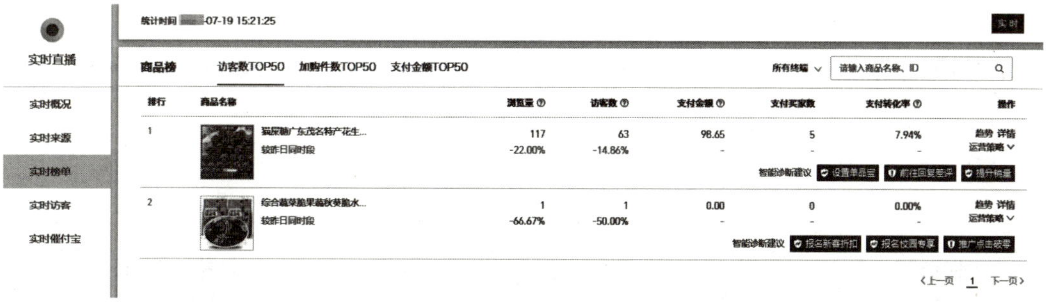

图 4 - 15　实时榜单页面

4. 实时访客

通过实时访客，可以查看每一个时间段的访客明细，以及访客来源地。根据实时访客的相关数据，可以调整店铺中的活动、产品以及相关的运营方向等。根据《中华人民共和国个人信息保护法》的要求，为了保护消费者的个人信息安全，通过实时访客可以看到最近 1 000 条访问记录在地域分布、手淘搜索关键词分布、直通车搜索关键词分布的排行榜，排行榜会包含 TOP100 的数据。如果店铺近期的访问记录过少，产品将无法展示详细分布，页面如图 4-16 所示。

图 4-16　实时访客页面

5. 实时催付宝

实时催付宝是对已经下单但还没付款且没有在其他店铺购买同类商品的潜力买家，通过客服发送催付信息，促使买家付款的工具。实时催付宝页面如图 4-17 所示。点击展开详情后面的箭头，可以查看已经有买家下单而没有付款的商品名称，通过订单详情可以根据买家的潜力指数（所标的星星数量）、下单时间、金额进行筛选，选择有价值的买家进行联系，提高下单付款转化率。

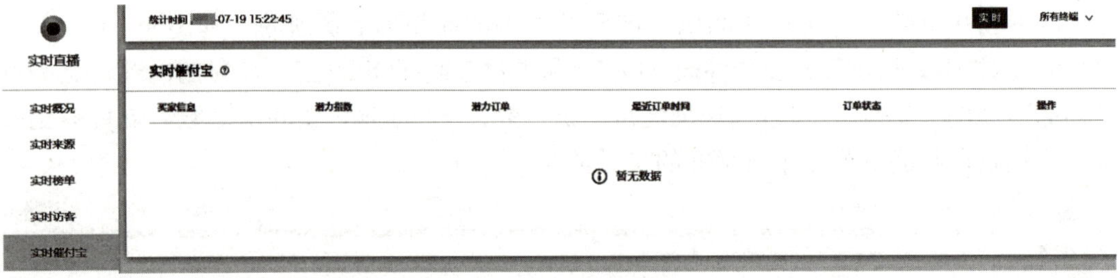

图 4-17　实时催付宝页面

实时催付宝指标见表 4-12。

表 4-12　实时催付宝指标

指标	指标介绍	指标意义
买家信息	标记买家的订单号码	根据订单号码催付款

续表

指标	指标介绍	指标意义
潜力指数	以星星数量多少作为判断潜力指数高低的标准	星级越高，潜力越大
潜力订单	根据订单排名筛选	排名越靠前，潜力越大
最近订单时间	列示订单的具体时间	了解潜力订单的时间
订单状态	标记订单当前的付款状态	对买家未付款的订单进行标记

四、作战室

作战室是一个为卖家提供大屏监控功能的付费工具，如图 4 - 18 所示。作战室由活动作战、大屏作战、监控作战三大类、七个小部分组成，主要用于生意较好的网店活动期间对店铺及商品进行实时监控分析，把控活动效果。

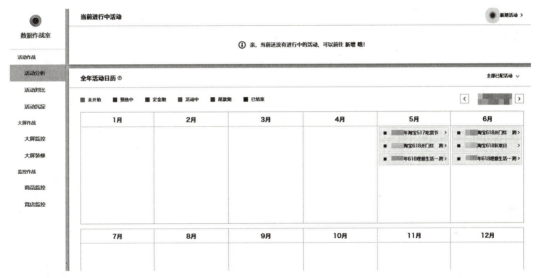

图 4 - 18　作战室页面

任务实施

小营对店铺的实时指标进行观察并归纳总结。表 4 - 13 所示是所有终端（03.01—03.31）31 天实时总览数据统计表。

表 4 - 13　实时总览数据统计表

统计时间	访客数	浏览量	支付金额	支付子订单	支付买家数	支付转化率（%）
03.01	3	3	0	0	0	0
03.02	1	1	0	0	0	0
03.03	8	20	0	0	0	0
03.04	1	1	0	0	0	0
03.05	3	3	0	0	0	0
03.06	7	16	0	0	0	0
03.07	2	20	0	0	0	0

续表

统计时间	访客数	浏览量	支付金额	支付子订单	支付买家数	支付转化率（%）
03.08	3	27	0	0	0	0
03.09	3	5	0	0	0	0
03.10	49	248	0	0	0	0
03.01—03.10 合计	80	344	0	0	0	0
03.11	4	15	39	1	1	25
03.12	8	51	0	0	0	0
03.13	4	27	0	0	0	0
03.14	7	69	0	0	0	0
03.15	4	40	0	0	0	0
03.16	20	92	39	1	1	5
03.17	8	36	0	0	0	0
03.18	6	13	0	0	0	0
03.19	5	20	0	0	0	0
03.20	10	38	38	1	1	10
03.11—03.20 合计	76	401	116	3	3	3.95
03.21	7	18	0	0	0	0
03.22	6	22	0	0	0	0
03.23	22	111	29.8	1	1	4.55
03.24	16	83	113	2	2	12.5
03.25	9	25	0	0	0	0
03.26	5	24	0	0	0	0
03.27	5	21	0	0	0	0
03.28	11	28	0	0	0	0
03.29	6	14	39	1	1	16.66
03.30	17	105	29.8	1	1	5.88
03.31	14	94	0	0	0	0
03.21—03.31 合计	118	545	211.6	5	5	4.24

（1）从数据中可以看出，3月上旬（1—10日）的访客数和浏览量总数比约为1∶4，支付转化率为零；中旬（11—20日）的访客数和浏览量总数比约为1∶5，支付转化率为3.95%；下旬（21—31日）的访客数和浏览量总数比约为1∶5，支付转化率为4.24%，排在第一。

（2）根据数据可以得出，访客数、浏览量的增加，有利于提高交易单数，提升成功支付的转化率。

（3）应加大店铺推广力度，增强店铺和商品对客户的吸引力，增加店铺的访客数量和浏览量，从而提高成功交易的转化率。

表4-14所示是3月11日—3月20日无线端客户访问店铺数据。

表4-14　3月11日—3月20日无线端客户访问店铺数据

日期	访客数	访问时间 0:00 — 0:59	访问时间 1:00 — 2:59	访问时间 8:00 — 8:59	访问时间 9:00 — 9:59	访问时间 10:00 — 10:59	访问时间 11:00 — 11:59	访问时间 12:00 — 13:59	访问时间 14:00 — 14:59	访问时间 15:00 — 15:59	访问时间 16:00 — 17:59	访问时间 18:00 — 18:59	访问时间 19:00 — 19:59	访问时间 20:00 — 20:59	访问时间 21:00 — 21:59	访问时间 22:00 — 22:59	访问时间 23:00 — 23:59
3.11	5	1	1			1			1	1							
3.12	8	3	1	2					1				1				

续表

日期	访客数	访问时间 0:00—0:59	访问时间 1:00—2:59	访问时间 8:00—8:59	访问时间 9:00—9:59	访问时间 10:00—10:59	访问时间 11:00—11:59	访问时间 12:00—13:59	访问时间 14:00—14:59	访问时间 15:00—15:59	访问时间 16:00—17:59	访问时间 18:00—18:59	访问时间 19:00—19:59	访问时间 20:00—20:59	访问时间 21:00—21:59	访问时间 22:00—22:59	访问时间 23:00—23:59
3.13	5					1			2	1				1			
3.14	7					1		1	4								1
3.15	4			2	1										1		
3.16	20				1			1		9	2	3			1	3	
3.17	8	1			1	1		1		1	1				1	1	
3.18	6							1		2			1		1		1
3.19	5	1					2								1	1	
3.20	10					1		4	2	1				1			
合计	78	6	2	4	3	4	3	5	6	9	13	4	5	3	4	5	2

（1）从数据中可以看出，在统计的 10 天里，16:00—17:59 时间段的访客人数最多，15:00—15:59 时间段的访客人数次之，0:00—0:59 和 14:00—14:59 时间段的访客人数第三，12:00—13:59、19:00—19:59、22:00—22:59 时间段的访客人数第四。

（2）根据数据可以得出，在 0:00—0:59、14:00—14:59、15:00—15:59、16:00—17:59 这四个时间段，买家进店访问比较集中，可据此进行店铺商品上下架的设置和优化，让商品在访客流量大的时间段得到充分展示，以此吸引访客，达到提高购买转化率的目的。

图 4-19 所示是无线端实时访客的来源情况和地域分布情况。

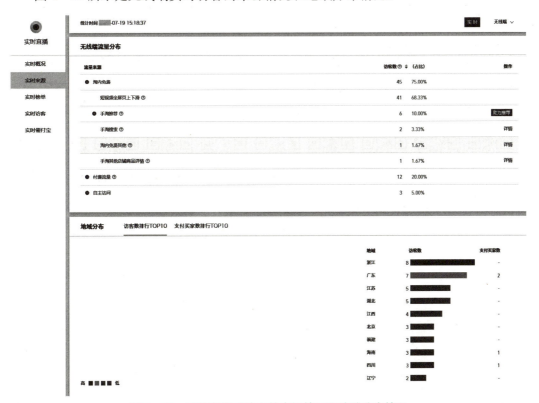

图 4-19　无线端实时访客的来源情况和地域分布情况

（1）从图中可以看出，无线端进来的主要是免费访客，淘内免费占 75％（其中短视频占比 68.33％，排在首位），付费流量占 20％，自主访问占 5％。

（2）根据数据可以得出，目前店铺主要流量来源在短视频，手淘搜索流量占比过低，应设法提升。

（3）应着重关注流量大且有成交买家的广东地区，加大商品营销推广力度，提高该地区的成交转化率。

◎ 同步实训

任务描述

下面是小明经营的淘宝店铺 8 月 22 日到 8 月 26 日的 PC 端实时访客数截图，请根据截图中实线部分的数据，在表格中填写当天各个时间段的访客数，分析店铺数据并写出优化措施。

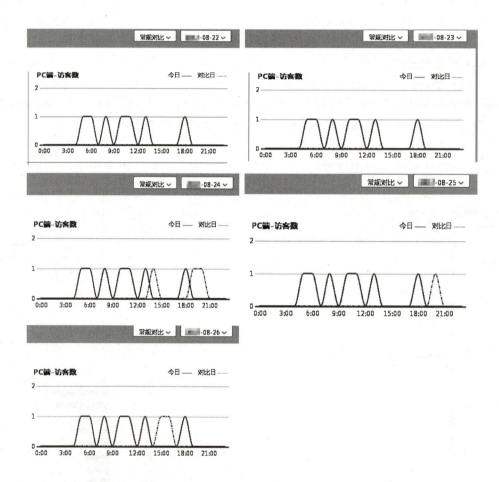

操作指南

（1）填写各个时间段的访客数。

时间 日期	0:00 — 1:59	2:00 — 3:59	4:00 — 5:59	6:00 — 7:59	8:00 — 9:59	10:00 — 11:59	12:00 — 13:59	14:00 — 15:59	16:00 — 17:59	18:00 — 19:59	20:00 — 21:59	22:00 — 23:59
08.22												
08.23												
08.24												
08.25												
08.26												
合计												

（2）根据汇总数据结果，分析店铺数据，写出优化措施。

数据分析：

优化措施：

任务评价

评价内容	分值	评价		
		自我评价	小组评价	教师评价
数据收集准确	20			
数据分析充分	40			
优化措施合理	40			
合计	100			

▶ 任务二　流量分析

📷 任务导入

　　小营的淘宝店铺开业到现在已经有三个多月了，在这段时间里，访问店铺的人数虽有好几百，浏览量也不错，可成交单数却是寥寥无几，小营心里很着急。店铺的销量决定着店铺的生存，没有销量也就意味着店铺的经营将无法持续下去。面对"开网店易，经营网店难"的市场环境，店铺的经营者需要掌握店铺经营的哪些情况，应认真分析哪些数据，才能在市场竞争中实现自身发展方向的调整，从而立于不败之地呢？针对上述问题，小营制定了以下任务单（见表4-15）。

表 4 - 15　任务单

岗位	工作项目	具体要求	完成时限	验收
运营	流量分析	根据相应指标数据，分析访客的特征、来源渠道、跳失率、搜索引流情况	2 课时	
客服	关注访客行为和特征	根据访客行为和特征数据，了解客户习惯，更好地进行商品推介工作	2 课时	
美工	优化页面和商品	根据列出的流失流量的页面和商品，做好它们的优化工作	2 课时	
推广	选择优化渠道	根据流量排行情况，观察和分析高流量指标，更好地进行流量开发	2 课时	
验收人				

◎ 知识探究

在互联网上做生意，"流量为王"这个法则可以说是人人皆知。网站的流量越大，销售的机会越多。没有流量的网店，如同死水一般，毫无活力。流量分析能比较精确地反映出店铺被顾客认可和喜欢的程度。

借助生意参谋的流量分析功能，卖家可以了解店铺流量整体情况，对流量来源、流量动线以及消费者进行分析，其中来源详情、选词助手、消费者分析等功能需要订购对应的流量纵横版本才可以使用。在流量分析页面，可以选择点击不同终端（所有终端、电脑端、无线端）、不同时间（实时、1 天、7 天、30 天、日、周、月）查看相关数据，可以点击"下载"获取所需了解的某一指标的对应数据，还可以查看对比同行的数据信息。如图 4 - 20 所示。

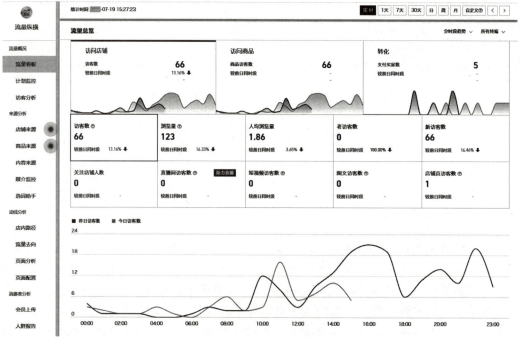

图 4 - 20　流量分析页面

下面着重介绍流量分析中的六个关键指标：流量看板、访客分析、店铺来源、商品来源、选词助手、页面分析。

一、流量看板

流量看板包括流量总览、我的关注、流量来源排行 TOP10、商品流量排行 TOP10 四个项目，反映了店铺整体流量数据，有助于了解店铺流量的整体情况。

1. 流量总览

流量总览提供了实时流量数据情况，可以选择右上角不同的时间段（最近 1 天、最近 7 天、最近 30 天、日、周、月）查看对应数据。

微课：流量分析

2. 我的关注

可以设置需要店铺重点关注的商品进行监控，提供关注商品的实时访客情况。可以选择右上角不同的时间段（1 天、7 天、30 天、日、周、月）查看对应数据。

3. 流量来源排行 TOP10

流量来源排行 TOP10 提供了电脑端和无线端排名前 10 的流量来源与同行平均二级来源数据，从对比数据中可以看到本店与同行平均二级来源每一项数据的差异，点击右边的"店铺来源"可以看到流量详细的去向。流量来源排行提供精准的数据，能帮助经营者改善来源推广，调整引流策略。如图 4 - 21 所示。

流量来源排行TOP10			无线端 ∨　店铺来源 >
排名	来源名称	访客数 ⑦ ⇕	操作
1	短视频全屏页上下滑	43	趋势 商品效果
2	直通车	11	趋势 商品效果
3	手淘推荐 ⑦	6	趋势 商品效果 助力推荐
4	手淘搜索	2	详情 趋势 商品效果 提升搜索
5	购物车	2	趋势 商品效果
6	手淘其他店铺商品详情	1	详情 趋势 商品效果
7	海内免费其他 ⑦	1	详情 趋势 商品效果
8	淘宝客	1	趋势 商品效果
9	我的淘宝 ⑦	1	趋势 商品效果

图 4 - 21　流量来源排行 TOP10 页面

4. 商品流量排行 TOP10

商品流量排行 TOP10 提供了店铺访客数排名前 10 的商品的访客数、支付买家数、支付转化率数据，可以分别查看电脑端和无线端的数据。点击"单品分析"可以查看全面的商品数据，点击"商品来源"可以查看该商品的所有流量来源渠道。如图 4 - 22 所示。

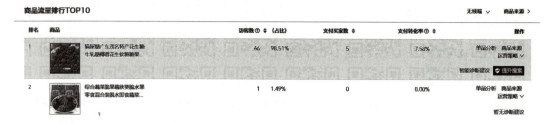

图 4 - 22　商品流量排行 TOP10 页面

二、访客分析

访客分析能够对入店的访客进行立体分析，可以查看不同终端、不同日期的访客分布情况以及对比；点击"下载"，可以下载数据进行每个时期的对比分析。

1. 访客时段分布

在访客时段分布页面，卖家可以了解到不同时期内店铺每个小时的访客数以及下单买家数，方便其了解店铺的热门时间段。如图 4 - 23 所示。

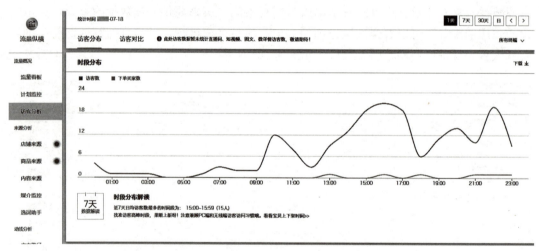

图 4 - 23　访客时段分布页面

2. 访客地域分布

在访客地域分布页面，卖家可以看到不同地域的访客数量以及该地区的下单转化率，通过对访客地域分布的分析，可以在推广过程中有针对性地对不同区域进行广告投放。如图 4 - 24 所示。

3. 访客特征分布

从淘气值分布、消费层级、性别、店铺新老访客四个维度对访客特征进行分析，对应访客数占比越高，说明店铺商品越能吸引有类似特征的消费者。通过对访客特征进行分析，能够方便卖家对店铺人群进行定位。如图 4 - 25 所示。

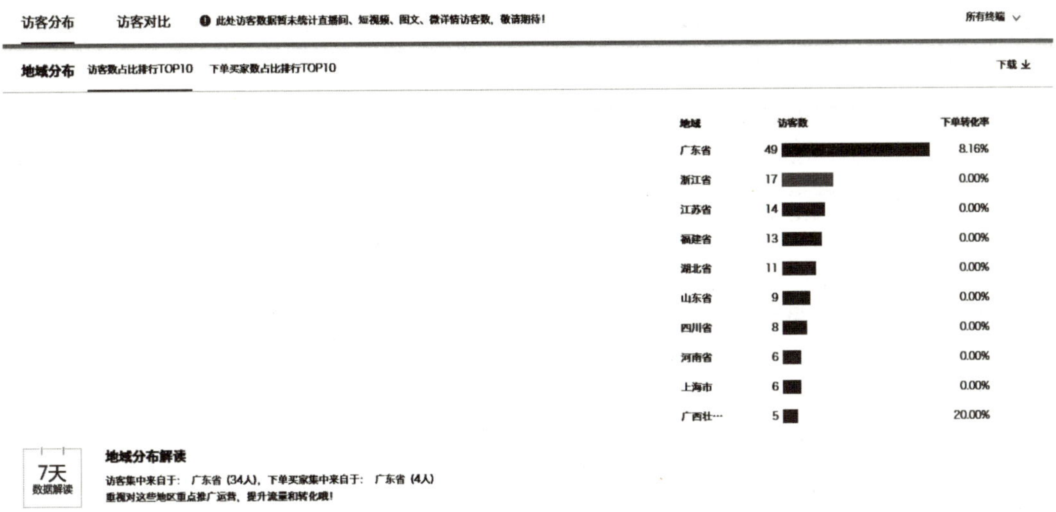

访客分布 访客对比 ❶ 此处访客数据暂未统计直播间、短视频、图文、微评销访客数，敬请期待！ 所有终端 ∨

地域分布 访客数占比排行TOP10 下单买家数占比排行TOP10 下级业

地域	访客数	下单转化率
广东省	49	8.16%
浙江省	17	0.00%
江苏省	14	0.00%
福建省	13	0.00%
湖北省	11	0.00%
山东省	9	0.00%
四川省	8	0.00%
河南省	6	0.00%
上海市	6	0.00%
广西壮…	5	20.00%

7天 数据解读

地域分布解读
访客集中来自于：广东省 (34人)，下单买家集中来自于：广东省 (4人)
重视对这些地区重点推广运营，提升流量和转化哦！

图 4-24 访客地域分布页面

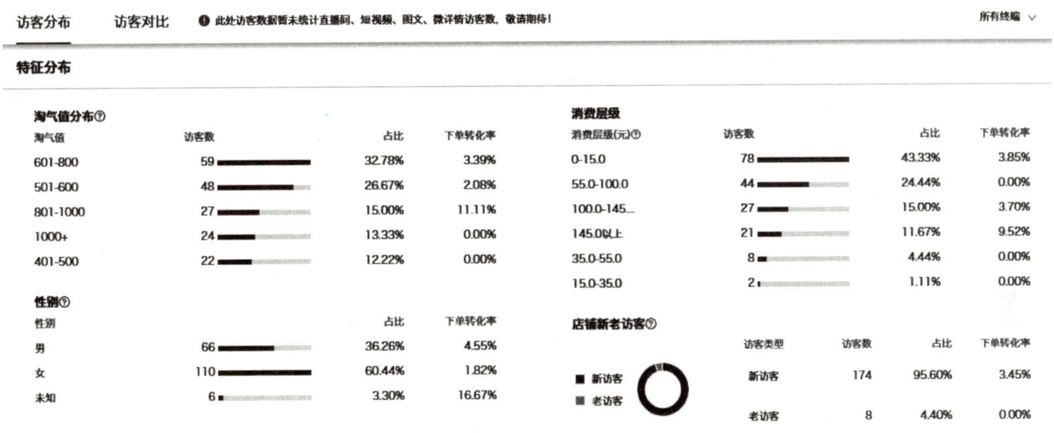

访客分布 访客对比 ❶ 此处访客数据暂未统计直播间、短视频、图文、微评销访客数，敬请期待！ 所有终端 ∨

特征分布

淘气值分布⑦

淘气值	访客数		占比	下单转化率
601-800	59		32.78%	3.39%
501-600	48		26.67%	2.08%
801-1000	27		15.00%	11.11%
1000+	24		13.33%	0.00%
401-500	22		12.22%	0.00%

消费层级

消费层级(元)⑦	访客数		占比	下单转化率
0-15.0	78		43.33%	3.85%
55.0-100.0	44		24.44%	0.00%
100.0-145…	27		15.00%	3.70%
145.0以上	21		11.67%	9.52%
35.0-55.0	8		4.44%	0.00%
15.0-35.0	2		1.11%	0.00%

性别⑦

性别	访客数		占比	下单转化率
男	66		36.26%	4.55%
女	110		60.44%	1.82%
未知	6		3.30%	16.67%

店铺新老访客⑦

■ 新访客
■ 老访客

访客类型	访客数	占比	下单转化率
新访客	174	95.60%	3.45%
老访客	8	4.40%	0.00%

图 4-25 访客特征分布页面

4. 访客行为分布

通过访客行为分布，卖家可以分析消费者通过哪些关键词进入店铺、对应关键词的转化率等数据。如图 4-26 所示。

三、店铺来源

在店铺来源页面，卖家可以查看店铺不同时间段内所有流量来源构成（细分到二级流量来源渠道）以及各流量渠道的访客数、下单转化率、下单买家数等指标，可以根据店铺来源数据选择合适的渠道进行重点推广维护。在页面右上角可以选择不同的时间段进行展示。如图 4-27 所示。

访客分布	访客对比	❶ 此处访客数据暂未统计直播间、短视频、图文、微详情访客数，敬请期待！					所有终端 ∨	
801-1000	27		15.00%	11.11%	100.0-145...	27	15.00%	3.70%
1000+	24		13.33%	0.00%	145.0以上	21	11.67%	9.52%
401-500	22		12.22%	0.00%	35.0-55.0	8	4.44%	0.00%
					15.0-35.0	2	1.11%	0.00%

性别⑦

性别			占比	下单转化率	**店铺新老访客**⑦	访客类型	访客数	占比	下单转化率
男	66		36.26%	4.55%	■ 新访客	新访客	174	95.60%	3.45%
女	110		60.44%	1.82%	■ 老访客				
未知	6		3.30%	16.67%		老访客	8	4.40%	0.00%

行为分布

来源关键词TOP5⑦

关键词			占比	下单转化率	**浏览量分布**⑦ 浏览量	访客数		占比
鹅屎糖	2		33.33%	0.00%	1	102		56.67%
花生酥	1		16.67%	100.00%	2-3	62		34.44%
鹅屎糖茂名...	1		16.67%	0.00%	4-5	9		5.00%
零食	1		16.67%	0.00%	6-10	5		2.78%
花生糖	1		16.67%	0.00%	10以上	2		1.11%

图 4 - 26　访客行为分布页面

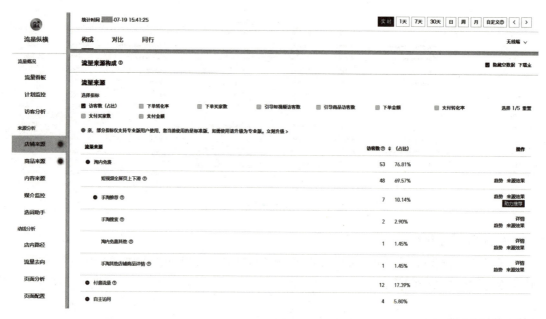

图 4 - 27　店铺来源页面

四、商品来源

　　在商品来源页面，卖家可以查看店铺商品不同时间段内所有流量来源构成（细分到二级流量来源渠道）以及各流量渠道的访客数、支付买家数、支付转化率等指标，方便卖家了解商品推广的实际效果。在页面右上角可以选择不同的时间段进行展示。如图 4 - 28 所示。

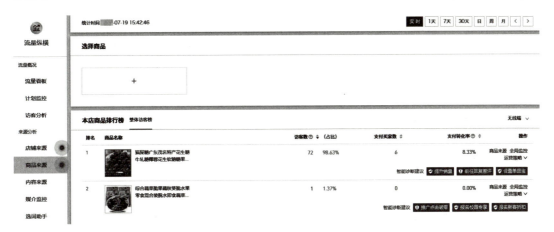

图 4 - 28　商品来源页面

五、选词助手

选词助手提供引流搜索关键词、竞店搜索关键词、行业相关搜索词三个维度的搜索词及相关数据，如图 4 - 29 所示。点击"引流搜索关键词"，可以看到本店铺搜索的关键词有哪些、访客人数有多少、引导下单转化率是多少、跳失率是多少等；点击右边的"趋势"，可以看到当前关键词的详细指标数据。点击"竞店搜索关键词"，在右上角选择竞店，可以看到对应店铺的搜索关键词以及交易指数和访客指数。点击"行业相关搜索词"，可以看到整个行业推荐的相关搜索词以及行业使用最多的关键词。通过这些搜索词的对比，卖家可以看到本店与同行之间的差距，从而选择更好的关键词进行标题优化及引流推广。

图 4 - 29　选词助手页面

六、页面分析

通过页面分析，卖家能够看到访客在店铺各页面中的浏览动线，以此来分析各页面的效果。在装修诊断页面，卖家可以看到无线端各个页面的引导转化效果，如图4-30所示。通过页面分析功能，卖家可以了解页面设计受欢迎程度及装修调整前后店铺整体吸引力的提升情况，达到优化店铺装修效果、提升店铺竞争力的目的。该功能的部分维度和指标仅支持专业版用户，且需要购买后才能使用。

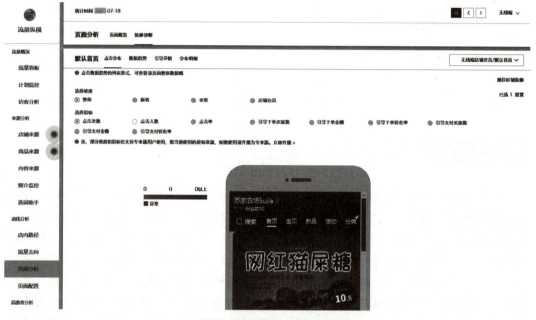

图4-30　装修诊断页面

德技并修·诚信经营

网店免单出尔反尔，诚信才是最重要的"生意经"

消费者赵女士向浦东新区消保委投诉，称其2022年10月31日在电商平台某旗舰店购买了豆豆绒毯，当时商家称20点至21点期间购买豆豆绒毯前10名付款者，享受免单活动，最贵的和最便宜的商品都参与，但是在赵女士购买了最贵的一款后，被告知最贵的不在免单范围之内，赵女士不接受，要求商家兑现免单承诺。

接到投诉后，浦东新区消保委工作人员第一时间联系商家核实，商家杜女士表示活动规则写明免单活动仅限于尺寸110×140cm无内胆的豆豆绒毯，因赵女士购买的是尺寸为150×200cm（双内胆）的毯子，不符合活动要求，故无法参与免单。

对于赵女士提供的和客服的聊天记录"选项内所有商品都享受前10名免单，不限尺寸、价格"，商家给出的解释是消费者咨询客服的时候，活动还没确定下来，客服告诉消费者的活动方案是备选方案，非最终方案，不能以此为参考依据。

消费者正式下单的时候，手机端详情页都有规则提示，清楚写明了"110×140cm 无内胆小号参与免单"，该活动规则可在手机端交易快照查询，且客服在消费者拍下商品未发货之前就告知消费者其拍下的款式不参与免单活动，故无法给赵女士免单，但可以赠送其一条活动所述的尺寸 110×140cm 无内胆的豆豆绒毯。赵女士对此不认可，认为商家涉嫌欺诈，准备通过其他途径维护权益。

《消费者权益保护法》第十六条第二款明确规定：经营者和消费者有约定的，应当按照约定履行义务，但双方的约定不得违背法律、法规的规定。上述案例中，经营者发布免单活动，中途又更改活动规则，且未事先通知消费者，消费者的免单诉求完全合法合理。

▷ 任务实施

小营对店铺的流量进行了总结分析。图 4-31 所示是所有终端 7 日流量总览数据。

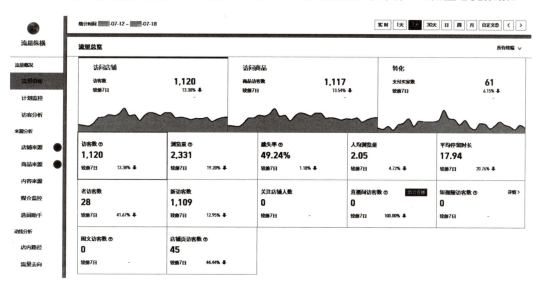

图 4-31 所有终端 7 日流量总览数据

从数据中可以看出，访客数等指标中，平均停留时长为 17.94 秒，比上 7 日下降了 20.76%。平均停留时长下降，说明店铺对访客吸引力下降。访客数、浏览量、人均浏览量、平均停留时长等指标越高越好，而跳失率指标越低越好，最好不超过 50%。跳失率低意味着店铺对访客有吸引力，有利于提高销售转化率。

图 4-32 所示是无线端 30 日店内路径数据。

（1）从数据中可以看出，访客进来时被商品详情页吸引的占 94.92%，下单买家数为 164 人，占全部买家数的 98.80%，说明店铺的主要转化来源在商品详情页，店铺其他页面有待优化。

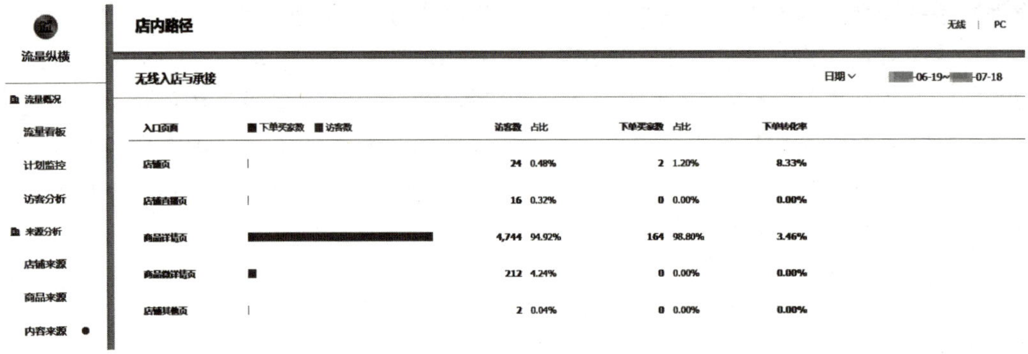

图 4-32　无线端 30 日店内路径数据

（2）访客的流向说明店铺吸引力不够，不能满足访客的需求。针对大部分访客的流向情况，运营需要在首页加强爆款推荐信息、促销信息、优惠券信息等方面的吸引力度，留住进店的访客。

图 4-33 所示是所有终端 30 日访客特征分布数据。

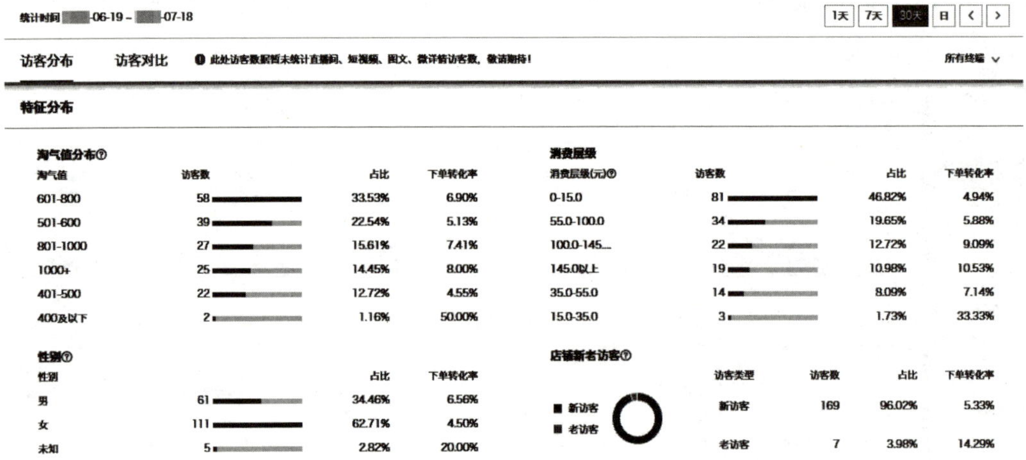

图 4-33　所有终端 30 日访客特征分布数据

（1）从数据中可以看出，淘气值为 600～800、消费层级在 0～15 元的访客占比较高，下单转化率分别为 6.90％和 4.94％；从性别上来看，女性访客的占比较高，达到 62.71％，下单转化率为 4.50％，说明店铺目前是以女性消费者为主；店铺的新访客占比达 96.02％，下单转化率为 5.33％，老访客占比少，转化率为 14.29％。

（2）根据数据可以得出，店铺的消费者购买能力不是很强，买家以女性为主，新客户比老客户多，不利于提高转化率。

（3）应加强店铺商品宣传推广，运用多种促销手段，例如打折、赠品、积分、红包等，吸引新访客下单，留住老访客，提升下单转化率。

图 4-34 所示是无线端 7 日引流搜索词数据。

（1）从数据中可以看出，关键词"猫屎糖"带来的访客数最多。

（2）根据数据可以得出，"猫屎糖"关键词有利于店铺引流，可将它作为商品关键词，加入商品标题中，达到引流和提高销量的效果。

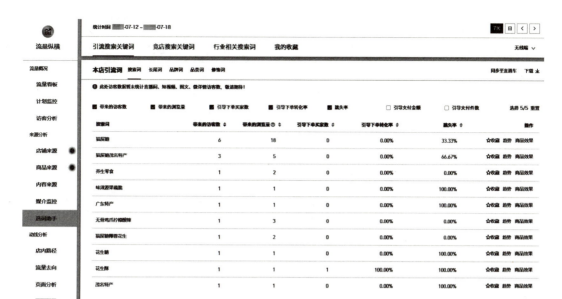

图 4 - 34 无线端 7 日引流搜索词数据

同步实训

任务描述

小明经营的淘宝店铺，生意一直比较冷清。请你根据下面的数据，帮助小明分析一下店铺存在的问题。

日期	访问页面	终端	页面类型	访客数	下单买家	支付金额（元）	跳失率
03.01	http：//shopxx.taobao.com	电脑	首页	23	1	48	0.00%
03.02	http：//shopxx.taobao.com	电脑	首页	10	1	88	0.00%
03.03	http：//shopxx.taobao.com	无线	商品详情页	15	1	139	50.00%
03.04	http：//shopxx.taobao.com	无线	商品详情页	35	2	98	81.82%
03.05	http：//shopxx.taobao.com	无线	首页	28	1	105	33.33%
03.06	http：//shopxx.taobao.com	电脑	商品详情页	22	1	188	66.67%
03.07	http：//shopxx.taobao.com	无线	商品详情页	16	1	99	50.00%

操作指南

（1）分析电脑端和无线端的访客情况。

终端	访客数	对比结果

（2）分析销售趋势。

下单买家	支付金额	下单特点

（3）分析跳失率。

页面类型	跳失率	指标值评价			优化标题	优化装修
		正常	较好	好		

（4）提出建议。

存在的问题	改进建议

任务评价

评价内容	分值	评价		
		自我评价	小组评价	教师评价
访客情况分析准确	15			
销售趋势分析思路清晰、合理	20			
跳失率分析准确	10			
正确地指出问题	30			
提出的建议合理可行	25			
合计	100			

▶ 任务三 品类（品类罗盘）

🎬 任务导入

　　商品是店铺客流的核心力，同样一家店铺，有些商品容易销售，有些商品却无人问津。如何让商品吸引顾客的眼球？怎样提高商品的转化率？小营想通过品类分析了解店铺商品情况，诊断店铺商品中存在的问题，于是他制定了以下任务单（见表4-16）。

表 4 - 16　任务单

岗位	工作项目	具体要求	完成时限	验收
运营	商品分析	查看店铺数据，找出商品访客数、商品加购件数、下单转化率、支付件数、平均停留时长排名前三的商品；分析详情页跳出率；选定一件商品进行最近30天的单品分析；诊断"蘑菇杯"最近30天的情况	2课时	
美工	调整详情页	根据运营的要求，调整详情页	2课时	
客服	商品服务	根据运营的要求，查看店铺服务，根据需要适当调整商品服务	2课时	
推广	调整和完善店铺商品营销	根据运营给出的商品分析数据，调整和完善店铺商品营销	2课时	
验收人				

◎ 知识探究

品类罗盘是为商家提供全店商品实时监控、商品人群精准营销、新品上市效果追踪、异常商品问题诊断等丰富的商品运营场景服务的数据分析工具。其功能主要包括360度宝贝和品类分析、标题异常诊断优化、竞品实时监控对比、连带营销推荐、新品专题分析，可帮助商家制定商品和品类的精细化运营策略，助力商品有效管理，全方位促进店铺整体成交转化。

品类主要看店铺的单品和类目数据，主要使用的是驾驶舱和专题分析这两个板块。如图 4 - 35 所示。

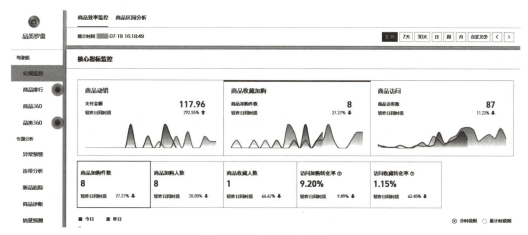

图 4 - 35　品类罗盘页面

一、驾驶舱

驾驶舱板块包括宏观监控、商品排行、商品 360 和品类 360。

1. 宏观监控

宏观监控展示的是全部商品排行和全品类排行及对应指标表现情况，辅以上周期同期指标对比分析，发现热销商品特征。宏观监控包

微课：品类罗盘之驾驶舱

括商品效率监控和商品区间分析。

（1）商品效率监控。

商品效率监控可以通过不同维度对商品的核心指标（商品动销、商品收藏加购和商品访问）进行监控。如图 4-36 所示。

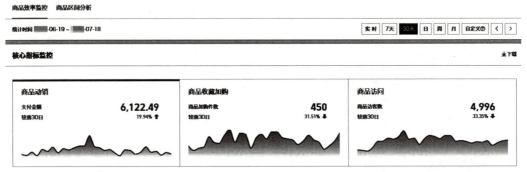

图 4-36　商品核心指标监控页面

1）商品动销。

商品动销的内容主要包括店铺支付金额、动销商品数、支付件数、支付买家数、支付转化率、客单价、支付新买家数、支付老买家数、老买家支付金额，如图 4-37 所示。通过分析这些数据，卖家可以清晰地了解店铺的基本销售情况。

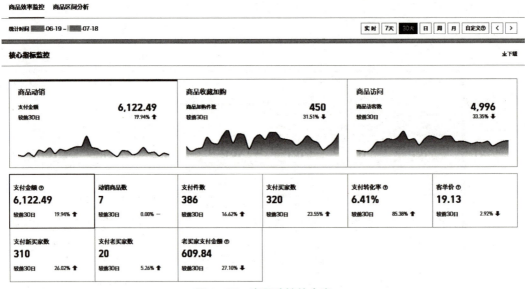

图 4-37　商品动销的内容

2）商品收藏加购。

商品收藏加购的内容主要包括商品加购件数、商品加购人数、商品收藏人数、访问加购转化率和访问收藏转化率，如图 4-38 所示。

3）商品访问。

商品访问主要统计的是商品访客数、有访问商品数、商品微详情访客数、商品浏览量、平均停留时长以及商品详情页跳出率，如图 4-39 所示。

图 4 - 38　商品收藏加购的内容

图 4 - 39　商品访问的内容

（2）商品区间分析。

卖家可以通过自定义商品价格带、支付件数、支付金额分档分析店铺商品，了解情况，及时调整商品结构。如图 4-40 所示。商品区间分析功能需要升级专业版才可以使用。

支付件数区间	动销商品数	（占比）⑦		支付金额⑦	（占比）		支付件数	（占比）		件单价	操作
0 — 50	28	8.26%		12,003.08	6.09%		368	16.62%		32.62	详情
50 — 100	106	31.27%		83,075.09	42.15%		1,259	56.87%		65.98	详情
100 — 150	78	23.01%		33,019.01	16.75%		264	11.92%		125.07	详情
150 — 200	66	19.47%		32,109.12	16.29%		181	8.18%		177.40	详情
200 — 250	40	11.80%		18,173.42	9.22%		80	3.61%		227.17	详情
250 以上	21	6.19%		18,729.12	9.50%		62	2.80%		302.08	详情

图 4 - 40　商品区间分析页面

2. 商品排行

商品排行展示的是店铺内所有商品的详细数据，可以选择不同的指标对商品进行全面分析，帮助卖家掌握商品销售情况以及各种数据，及时进行运营调整。如图 4 - 41 所示。

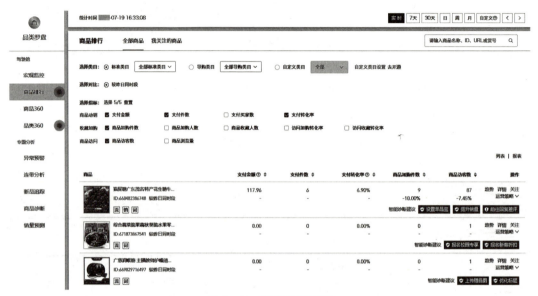

图 4 - 41　商品排行页面

3. 商品 360

通过商品 360，卖家可以选择指定商品进行全面分析，输入商品标题、商品 ID、商品 URL、货号等进行商品选择，如图 4 - 42 所示。商品 360 提供了单品诊断、销售分析、流量来源、标题优化、内容分析、客群洞察、关联搭配、服务体验等功能，适用于监控单品数据、爆款运营等，方便卖家对爆款进行监控分析。如图 4 - 43 所示。

图 4 - 42　商品 360 之选择商品

图 4 - 43　商品 360 页面

4. 品类 360

品类 360 展示的是店铺经营类目粒度的商品动销、加购收藏、商品转化等数据表现。如图 4 - 44 所示。该功能需要升级专业版才可以使用。

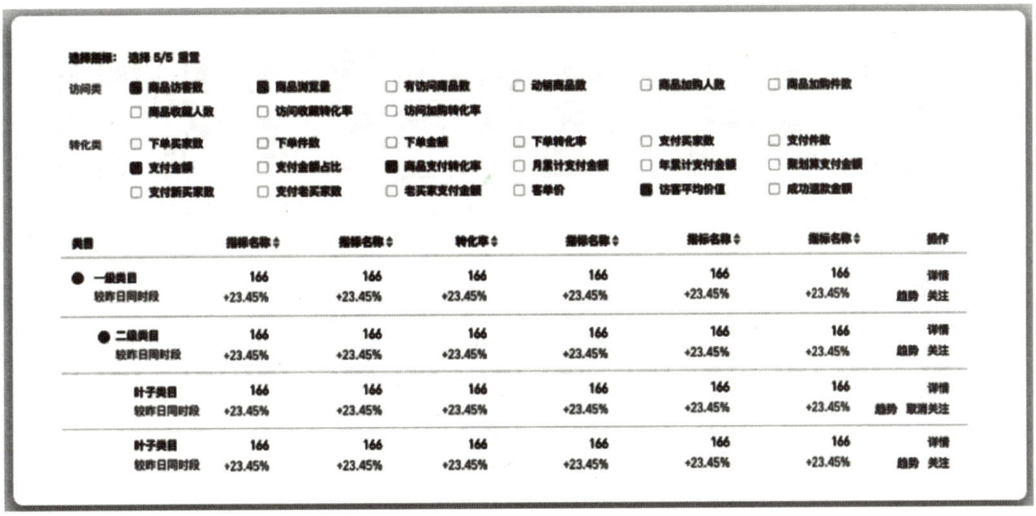

图 4 - 44　品类 360 页面

二、专题分析

专题分析板块包括异常预警、连带分析、新品追踪（仅天猫商家可用）、商品诊断和销量预测。

1. 异常预警

异常预警用于检查店铺内商品是否存在转化、销量异常问题，以及是否有缺货、滞销的商品。如图 4 - 45 展示。

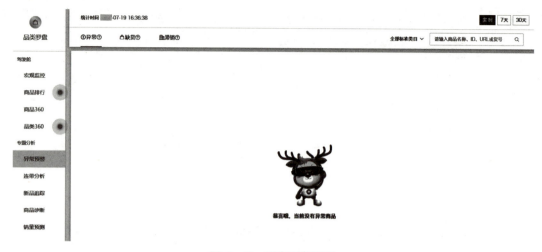

图 4 - 45　异常预警页面

2. 连带分析

连带分析展现的是店内引流能力最强、销量最高的单品与店内其他商品的无序关联关系。卖家可以合理利用店内"引流品""热销品"，对其他商品做针对性的连带设置。如图 4 - 46 所示。

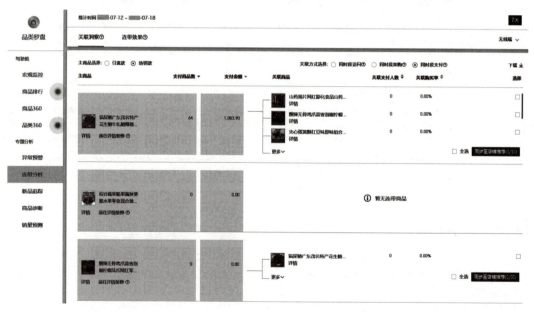

图 4 - 46　连带分析页面

3. 商品诊断

系统对商家选择的商品最近 1 天的浏览量、访客数以及商品图片等进行诊断并给出诊断结果，方便卖家对商品进行优化。如图 4 - 47 所示。

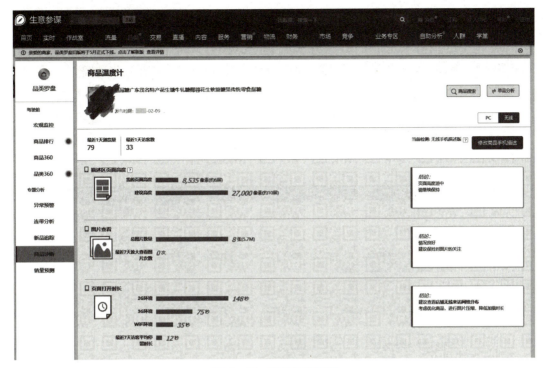

图 4 - 47　商品诊断页面

4. 销量预测

系统对店铺商品进行销量预测，预测出未来 7 天商品的销量情况，圆圈越大表示系统预测未来销量越好。该功能也可以帮助卖家预测库存，还可以为店铺的商品提供一个定价参考。如图 4 - 48 所示。

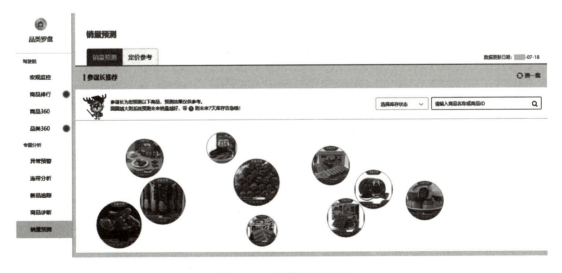

图 4 - 48　销量预测页面

▶ 任务实施

小营分析了商品来源的指标，认为按"支付金额""支付件数""支付转化率""商品加购件数""商品访客数"这几项指标排序，可以初步得出店铺商品销售情况。

打开"品类罗盘"—"商品排行"，选定要查找的时间段，并勾选要查找的数据指标，如图 4－49 所示。可选择按支付金额排序、按支付件数排序、按支付转化率排序、按商品加购件数排序、按商品访客数排序等。现选择按支付转化率排序，如图 4－50所示

图 4－49　商品排行

商品	支付金额 ⇅	支付件数 ⇅	支付转化率 ⊗	商品加购件数 ⇅	商品访客数 ⇅	操作
品质保温杯男生女生... ID:66862916497 较上一周期	112.95 +17.45%	12 +20.00%	15.79% +61.12%	20 +53.85%	38 -25.49%	趋势 详情 关注 运营策略 ∨
						智能诊断建议 优化标题 报名新客折扣
健康杯女生环保杯防漏... ID:670044994872 较上一周期	36.47 +97.24%	2 +100.00%	8.33% +99.76%	3 +0.00%	12 -50.00%	趋势 详情 关注 运营策略 ∨
						智能诊断建议 设置商品连带 上传商品精品图
智能杯保温杯男女士学生... ID:668402386740 较上 周期	8,070.66 -57.54%	503 -58.87%	8.32% -27.06%	536 -44.80%	4,900 -44.29%	趋势 详情 关注 运营策略 ∨
						智能诊断建议 获取新客 报名新客折扣 优化标题
保温杯男士女士智能杯... ID:667442537543 较上一周期	113.86 -64.56%	6 -68.42%	7.50% +62.34%	8 -80.49%	40 -83.19%	趋势 详情 关注 运营策略 ∨
						智能诊断建议 优化标题 报名校园专享

图 4－50　按支付转化率排序

通过上述数据分析，小营看到支付金额位列前三的是智能杯、保温杯和品质保温杯；支付件数位列前三的是智能杯、品质保温杯和保温杯；支付转化率位列前三的是品质保

温杯、健康杯和智能杯；加购件数位列前三的是智能杯、品质保温杯和保温杯；商品访客数位列前三的是智能杯、保温杯和品质保温杯。

汇总整理这些数据，详见表4-17。

表4-17　商品效果分析数据

商品名称	商品效果分析
智能杯	支付金额最高、支付件数最多、支付转化率排第三、加购件数最高、访客数最多
品质保温杯	支付金额排第三、支付件数排第二、支付转化率最高、加购数排第二、访客数排三
保温杯	支付金额排第二，支付件数排第三、加购件数排第三、访客数排二
健康杯	支付转化率排第二

根据数据分析可以得出，店铺的商品中，各项数据比较有优势且仍在销售的有智能杯、品质保温杯，这两件商品有打造爆款的潜质。但是，比较适合打造爆款的智能杯，支付转化率偏低，说明商品的潜在客户看到详情页却没有被商品吸引，而是选择直接关闭页面或者跳转到其他店铺，也就是说，商品详情页的吸引力不够。

同步实训

任务描述

经过一段时间的经营管理，小明的淘宝店铺做得有声有色，销量也慢慢上去了。请你根据以下两款台灯的单品分析数据，帮小明分析一下哪件商品更适合打造爆款。

商品1单品分析数据

统计日期	所属终端	商品浏览量	商品访客数	平均停留时长	详情页跳出率	下单转化率	下单支付转化率	支付转化率	下单商品件数	支付商品件数	加购件数	收藏人数	搜索引导支付买家数	客单价	搜索引导访客数
03-25	所有终端	400	111	14.55	73.87%	8.11%	100.00%	8.11%	11	10	15	10	6	37.33	89
03-26	所有终端	316	121	13.41	82.64%	4.96%	83.33%	4.13%	9	6	10	1	3	42	97
03-27	所有终端	352	139	15.89	76.98%	6.47%	77.78%	5.04%	12	8	26	8	4	45.76	115
03-28	所有终端	498	160	18.57	77.50%	8.13%	92.31%	7.50%	19	16	21	7	10	56.99	116
03-29	所有终端	786	215	12.62	70.70%	6.51%	92.86%	6.05%	14	13	25	10	12	34.7	169
03-30	所有终端	1255	335	16.38	65.97%	5.37%	94.44%	5.07%	18	17	62	19	12	34.59	219
03-31	所有终端	1113	322	16.63	70.19%	7.76%	96.00%	7.45%	26	24	59	12	16	34.71	246
03-25	PC端	3	3	65.00	—	33.33%	100.00%	33.33%	1	1	1	0	0	35	2
03-26	PC端	5	3	61.00	66.67%	33.33%	0.00%	0.00%	1	0	0	0	0	0	4
03-27	PC端	6	5	115.50	—	0.00%	—	0.00%	0	0	0	0	0	0	3
03-28	PC端	6	4	141.00	—	25.00%	100.00%	25.00%	1	1	0	0	0	45	2
03-29	PC端	5	4	80.80	—	0.00%	—	0.00%	0	0	0	0	0	0	1
03-30	PC端	6	4	71.67	75.00%	25.00%	100.00%	25.00%	1	1	0	0	0	35	2
03-31	PC端	7	5	458.71	—	0.00%	—	0.00%	0	0	0	0	0	0	2
03-25	无线端	397	109	14.17	73.39%	7.34%	100.00%	7.34%	10	9	14	10	6	37.63	87
03-26	无线端	311	118	12.65	83.05%	4.24%	100.00%	4.24%	8	6	10	1	3	42	96
03-27	无线端	346	134	14.16	76.12%	6.72%	77.78%	5.22%	12	8	26	8	4	45.76	112
03-28	无线端	492	156	17.08	76.92%	7.69%	91.67%	7.05%	18	15	21	7	10	58.08	114
03-29	无线端	781	211	12.18	70.14%	6.64%	92.86%	6.16%	14	13	25	10	12	34.7	168
03-30	无线端	1249	331	16.12	65.86%	5.14%	94.12%	4.83%	17	16	62	19	12	34.56	217
03-31	无线端	1106	318	13.83	69.81%	7.86%	96.00%	7.55%	26	24	59	12	16	34.71	244

统计日期	所属终端	商品浏览量	商品访客数	平均停留时长	详情页跳出率	下单转化率	下单支付转化率	支付转化率	下单商品件数	支付商品件数	加购件数	收藏人数	搜索引导支付买家数	客单价	搜索引导访客数
03-25	所有终端	82	35	11.91	65.71%	2.86%	100.00%	2.86%	2	1	3	0	1	44	35
03-26	所有终端	70	29	15.75	72.41%	6.90%	100.00%	6.90%	2	2	3	1	1	43.56	25
03-27	所有终端	83	36	7.56	75.00%	0.00%	—	0.00%	0	0	2	1	0	0	34
03-28	所有终端	88	34	17.44	76.47%	5.88%	100.00%	5.88%	3	3	1	2	1	65.9	31
03-29	所有终端	36	20	10.51	70.00%	10.00%	100.00%	10.00%	2	2	1	0	1	42	19
03-30	所有终端	81	44	12.32	70.45%	0.00%	—	0.00%	0	0	0	0	0	0	38
03-31	所有终端	65	30	7.58	66.67%	0.00%	—	0.00%	0	0	2	3	0	0	24
03-25	PC端	0	0	0.00	—	—	—	—	0	0	0	0	0	0	0
03-26	PC端	1	1	49.00	0.00%	0.00%	—	0.00%	0	0	0	0	0	0	0
03-27	PC端	0	0	0.00	—	—	—	—	0	0	0	0	0	0	0
03-28	PC端	0	0	0.00	—	—	—	—	0	0	0	0	0	0	0
03-29	PC端	0	0	0.00	—	—	—	—	0	0	0	0	0	0	0
03-30	PC端	7	1	18.57	—	0.00%	—	0.00%	0	0	0	0	0	0	1
03-31	PC端	1	1	16.00	—	0.00%	—	0.00%	0	0	0	0	0	0	0
03-25	无线端	82	35	11.91	65.71%	2.86%	100.00%	2.86%	2	1	3	0	1	44	35
03-26	无线端	69	28	15.27	75.00%	7.14%	100.00%	7.14%	2	2	3	1	1	43.56	25
03-27	无线端	83	36	7.56	75.00%	0.00%	—	0.00%	0	0	2	1	0	0	34
03-28	无线端	88	34	17.44	76.47%	5.88%	100.00%	5.88%	3	3	1	2	1	65.9	31
03-29	无线端	36	20	10.51	70.00%	10.00%	100.00%	10.00%	2	2	0	0	1	42	19
03-30	无线端	74	43	11.73	72.09%	0.00%	—	0.00%	0	0	0	0	0	0	37
03-31	无线端	64	29	7.45	65.52%	0.00%	—	0.00%	0	0	2	3	0	0	24

商品 2 单品分析数据

操作指南

对比两个商品的数据，分析得出结论。

我认为商品（　　）更适合打造爆款	
理由 1	
理由 2	
理由 3	
理由 4	
理由 5	
理由 6	
理由 7	
理由 8	
理由 9	
理由 10	

任务评价

评价内容	分值	评价		
		自我评价	小组评价	教师评价
没有分析理由（0 个理由，0 分）	80			
分析理由不充分（1～3 个理由，20 分）				
分析理由比较充分（4～6 个理由，40 分）				
分析理由充分（7～8 个理由，60 分）				
分析理由非常充分（9～10 个理由，80 分）				
理由表达清晰	20			
合计	100			

▶ 任务四　交易、服务分析

🎬 任务导入

小营每天都会关注店铺的实时、流量、商品等相关数据，这些数据能不能告诉小营店铺整体营业情况，以及最近7天或一段时间的交易额情况呢？在商品售出以后，怎样知道有没有出现退货情况，以及顾客的评价是怎样的呢？针对这些问题，小营制定了以下任务单（见表4-18）。

表4-18　任务单

岗位	工作项目	具体要求	完成时限	验收
运营	交易、服务分析	根据数据，关注交易构成，分析引流问题；关注退款率和投诉率，分析服务评价和评价趋势	1课时	
客服	完善售前售后服务	提高对客户的售前售后服务质量	1课时	
美工	商品效果和详情页优化	根据退款原因，优化商品效果和详情页	1课时	
推广	调整营销策略	根据交易构成数据，对销量高、转化率高的类目进行重点推荐，商品定价采用多价格段	1课时	
验收人				

◎ 知识探究

除了关心商品人气情况外，店铺经营者还应该关注店铺的每天交易情况，以随时掌握店铺交易中出现的问题，及时做好资金周转工作。此外，对于店铺的售后服务情况，也应及时了解，以留住老顾客。

一、交易分析

交易分析分为交易概况、交易构成和交易明细三个项目。

微课：交易分析

1. 交易概况

交易概况从整体上反映了店铺的交易情况，可以让卖家从梯形图中看到店铺的转化情况。卖家可以根据需要选择不同终端（所有终端、电脑端、无线端）、不同日期（1天、7天、30天、日、周、月）查看相关数据。在交易概况下通过访客、下单、支付3类不同的指标可进行对比分析。图4-51所示为交易总览页面，图4-52所示为交易趋势页面。交易趋势通过蓝色和浅绿色曲线对比，能够让卖家很直观地看到与同行的差距。

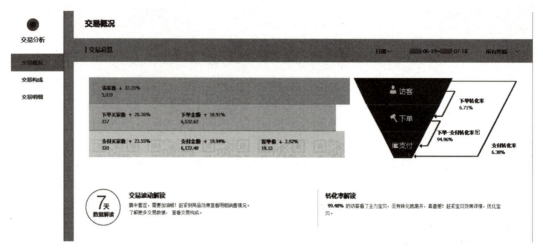

图 4-51　交易总览页面

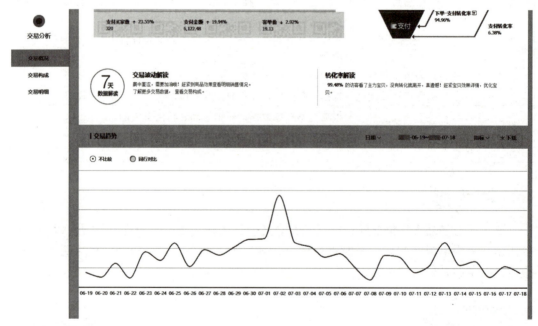

图 4-52　交易趋势页面

2. 交易构成

交易构成提供了终端构成、类目构成、品牌构成、价格带构成、资金回流构成 5 个指标，如表 4-19 所示。

表 4-19　交易构成指标

指标	指标介绍	指标意义
终端构成	分析电脑端、无线端交易情况	通过对比数据调整经营决策
类目构成	以类目为分析对象，分析店铺的交易情况	反映 7 天内店铺一级类目下商品的交易情况

续表

指标	指标介绍	指标意义
品牌构成	分析某个品牌的支付金额占比和购买情况	支付金额、支付金额占比、支付件数越高，排名越靠前
价格带构成	分析店铺中商品的价格段构成	帮助卖家了解哪个价格段最受欢迎，以及转化率的高低情况
资金回流构成	统计出已签收未确认收货的订单，根据离自动确认收货的时间长短，分成几块有行动点的数据	提醒卖家及时联系买家，促进资金回流

3. 交易明细

交易明细提供整个店铺当天成交订单量，如图4-53所示。在"确认收货金额"出来以后，卖家可以对商品成本和运费成本进行设置，就可以了解到每一笔订单的利润情况。

图4-53　交易明细页面

交易明细包括支付转化率、下单支付转化率、确认收货指数、确认收货金额和商品成本5个指标，如表4-20所示。

表4-20　交易明细指标

指标	指标介绍	指标意义
支付转化率	统计时间内支付买家数÷访客数	比率越高越好
下单支付转化率	统计时间内下单且支付的买家数÷下单买家数	比率越高越好
确认收货指数	根据买家最近半年的确认收货频率计算出的一个催单确认收货成功的概率指数	星级越高，表示催单确认收货成功率越高
确认收货金额	支付金额－售中成功退款金额	差额越大越好
商品成本	根据商家上传的单个商品成本计算的确认收货订单中商品成本之和	越低越好

二、服务分析

服务分析提供服务概况、服务监控、服务绩效、服务专题和服务配置5项内容。

1. 服务概况

（1）核心监控。

通过核心监控，卖家可以选择不同的时间维度对客服团队的服务情况进行分析，从中了解客服销售额、咨询人数、平均响应时长、客户满意率等客服指标，如图 4-54 所示。还可以根据不同的指标了解客服排名信息，全面了解每个客服的服务水平，如图 4-55 所示。

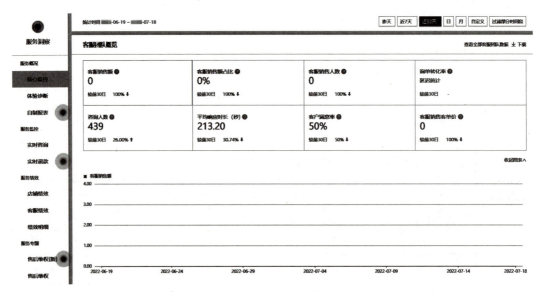

图 4-54　客服团队概览页面

图 4-55　客服排名页面

核心监控指标如表 4-21 所示。

表 4-21　核心监控指标

指标	指标介绍	指标意义
客服销售额	通过客服服务成交的客户在所选时间内付款的金额	客服销售额越高，说明客服服务越好，通过客服成交的客户越多
客服销售额占比	客服团队销售额占店铺整体销售额的比例；客服销售额占比＝客服销售额÷店铺销售额×100%	体现客服服务在店铺整体中的占比情况

续表

指标	指标介绍	指标意义
客服销售人数	通过客服服务成交的客户在所选时间内付款的人数	客服销售人数越高，说明客服服务越好，通过客服成交的客户越多
询单转化率	询单转化率＝询单最终付款转化率＝最终付款人数÷询单人数×100％	询单转化率越高，说明客服转化效果越好
咨询人数	所选时间内咨询客服的客户总数，包括客户主动咨询的人数和客服主动跟进的客户人数；一天内，同一客户咨询多个客服会进行去重计算	数字越大，说明咨询人数越多
平均响应时长（秒）	客服与客户每个对话轮次的回复时长之和÷人工咨询对话轮次次数	响应时间越短，说明客服首次回复越快
客户满意率	所选时间内对客服服务表示满意（很满意或满意）的客户占比，包括邀请评价和客户主动评价；客户满意率＝(很满意数＋满意数)÷收到评价数×100％	满意率越高，说明客服服务态度越好
客服销售客单价	通过客服服务成交的客户平均每次购买商品的金额；客服销售客单价＝客服销售额÷客服销售人数	体现客服商品推荐能力的高低

（2）体验诊断。

体验诊断提供官方对于店铺服务的综合考评结果，包括考核结果、服务指标、店铺诊断、同行同层指标 PK、商品 DSR 每日趋势、诊断明细、中差评明细等。通过体验诊断，卖家可以了解店铺的考核评分、店铺的服务指标、在同行同层里属于什么水平等信息，同时可以将官方建议标准作为对店铺各项指标进行优化的目标。

2. 服务监控

服务监控是对店铺客服绩效进行实时数据监控的绩效管理工具，可以帮助卖家实时了解客服接待、成交情况，从而实时激励客服创造业绩。服务监控页面如图 4－56 所示。

图 4－56 服务监控页面

3. 服务绩效

（1）店铺绩效。

店铺绩效可以从业绩、专项、售后三个维度对店铺客服服务过程进行分析，卖家可以根据访客数、销售人数、callin 转化率等指标了解客服服务的好坏。店铺绩效页面如图 4－57 所示。

173

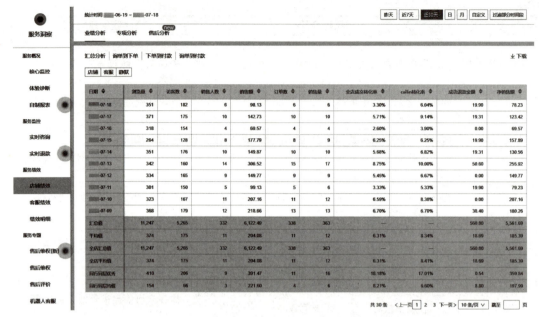

图 4 - 57 店铺绩效页面

（2）客服绩效。

客服绩效可以从业绩、专项、售后三个维度对各个客服的服务流程进行监控，卖家可通过各个指标分析不同客服的服务情况。客服绩效页面如图 4 - 58 所示。

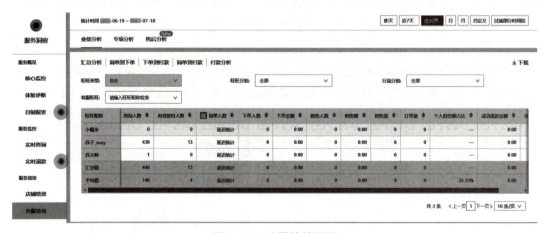

图 4 - 58 客服绩效页面

（3）绩效明细。

绩效明细提供了不同时间段内客服接待的详细信息，如接待明细、成交明细、流失明细、质量明细、售后明细等内容，方便卖家核实服务情况，提升客服接待质量。绩效明细页面如图 4 - 59 所示。

4. 服务专题

（1）售后维权（新）。

通过售后维权（新），卖家可以了解店铺退款相关数据，包括退款时长、退款率、退款纠纷等，以及不同退款原因的占比。售后维权（新）页面如图 4-60 所示。

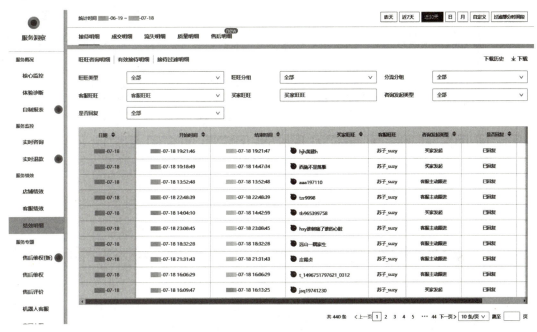

图 4-59　绩效明细页面

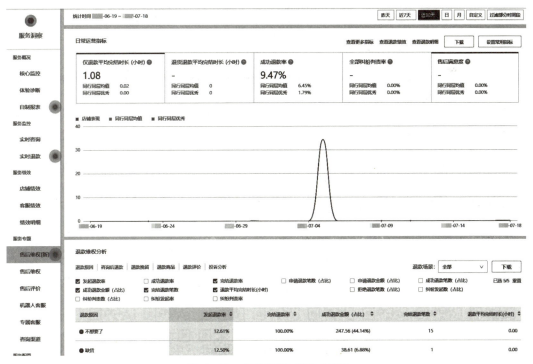

图 4-60　售后维权（新）页面

（2）售后维权。

通过售后维权，卖家可以了解店铺维权概况、维权趋势、退款原因及退款商品信息，从而了解客户维权原因，改进商品，提升店铺服务质量。维权概况页面如图 4-61 所示。

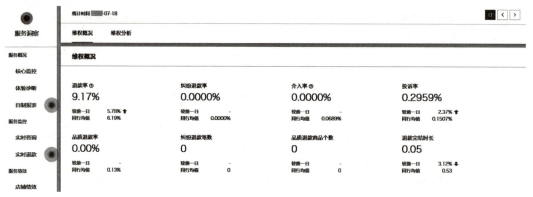

图 4-61　维权概况页面

（3）售后评价。

通过售后评价，卖家可以了解店铺当前 DSR 评分、所选择时间内 DSR 评分的走势以及 TOP 负面评价商品。售后评价页面如图 4-62 所示。

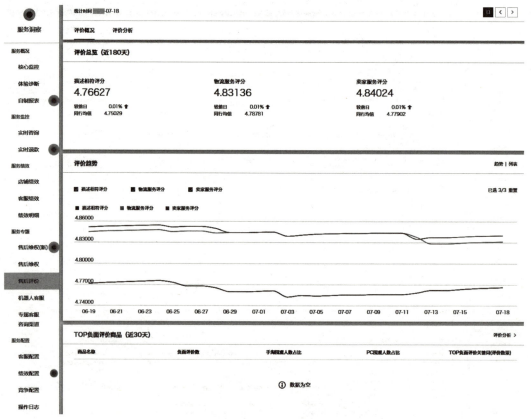

图 4-62　售后评价页面

（4）机器人客服。

如果店铺开启机器人自动接待，则可以通过该功能分析客服接待的相应数据，根据数据反馈对机器人进行优化设置。机器人客服页面如图 4-63 所示。

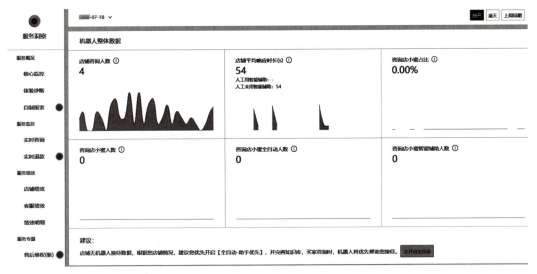

图 4-63 机器人客服页面

（5）专属客服。

专属客服需要申请开通后方可使用，不符合条件的商家无法开通，无法使用该功能。

（6）咨询渠道。

通过咨询渠道，卖家可以了解从不同渠道进入店铺的客户的咨询情况，从而优化店铺流量来源渠道。

5. 服务配置

通过服务配置，卖家可以进行客服配置、绩效配置、竞争配置（需订购才能使用）以及查看客服操作日志。

德技并修·诚信经营

理性消费不掉"坑"，诚信经营不违法

自 2020 年 7 月开始，在网络平台经营食品批发的陈某在未经多个注册商标所有人授权或许可的情况下，通过非法渠道购进假冒多个知名品牌的麦片、月饼，并在电商平台进行低价销售。其间，陈某先后雇用小玉、小文在番禺区负责打包发货。

据陈某交代，其销售的麦片、月饼均为高仿产品且价格低廉，在购进假冒品牌食品后会检查完善外包装，并逐一扫描防伪二维码，通过该码进入虚假网站显示查询结果为正品，若扫码失效则会用新的二维码替换，以防被买家识破。截至 2021 年 9 月，陈某销售假冒注册商标的商品金额逾 104 万元，小玉协助销售金额逾 66 万元，小文协助销售金额逾 10 万元。

番禺区检察院依法提起公诉，番禺区法院以假冒注册商标罪判处被告人陈某有期徒刑四年六个月，并处罚金；判处被告人小玉有期徒刑二年，并处罚金；判处被告人小文有期徒刑七个月，并处罚金。

普法小贴士：

《中华人民共和国刑法》第二百一十三条规定：未经注册商标所有人许可，在同一种

商品、服务上使用与其注册商标相同的商标，情节严重的，处三年以下有期徒刑，并处或者单处罚金；情节特别严重的，处三年以上十年以下有期徒刑，并处罚金。

任务实施

小营对店铺的交易、服务数据进行了分析。店铺 4 月份的交易概况如图 4-64 所示。

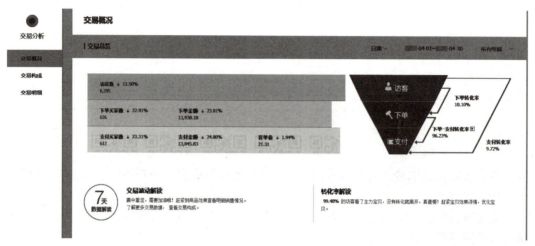

图 4-64　店铺 4 月份的交易概况

（1）从数据中可以看出，访客数 6 295 人中有 636 人下单，最终支付人数为 612 人，下单转化率为 10.10%，店铺整体支付转化率是 9.72%，对比同行同层商家转化率偏低。

（2）通过转化率解读可知 77.09% 的访客访问商品后离开，商品详情页制作存在不合理因素，需要做好商品详情页优化以及商品优化等方面的工作。

最近 30 天终端构成情况如图 4-65 所示。

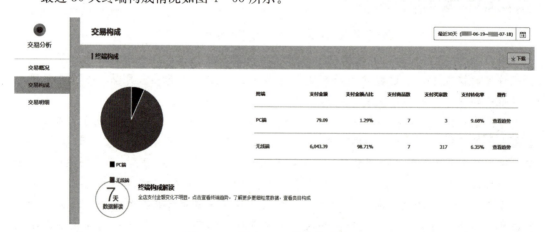

图 4-65　最近 30 天终端构成情况

从数据中可以看出，无线端买家数远远高于 PC 端买家，可将店铺运营重点放在无线端。

4月份交易构成中的价格带构成情况如图4-66所示。

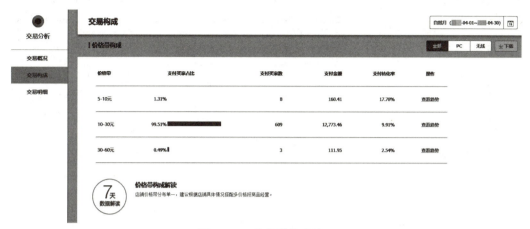

图4-66 价格带构成情况

（1）从数据中可以看出，10～30元的支付买家数最多，支付买家占比最高。

（2）根据数据可以得出，买家多的价格带和高价格带支付转化率都比较低，低价格带有利于提高店铺商品支付转化率，应调整店铺的价格带分布，优化店铺价格搭配，进行多价格段商品经营。

店铺维权概况如图4-67所示。

图4-67 店铺维权概况

（1）从数据中可以看出，该店铺退款率比前一天上升了，并且高于同行均值，说明店铺退款率过高。

（2）维权概况所列指标，无论是对比自己店铺以往数据还是对比同行均值，都是越低越好。可查看要退款的商品，根据具体情况处理好出现的问题。

同步实训

任务描述

小明的淘宝店铺在经营过程中出现了商品退款问题，请根据下面的截图总结退款原因，并写出解决措施。

TOP退款商品（近30天）					维权分析 >
商品名称	支付金额 ⓘ	支付子订单数 ⓘ	成功退款金额	成功退款笔数	TOP退款原因 / 退款笔数占比
现代迷你小台灯深色高端简易学生学习台灯护眼	8,070.66	440	1,501.48	75	不想要了 33.33% / 未按约定时间发货 22.67% / 商家无法配送，联系我取消 10.67%
宫廷风小台灯高端简易家具卧室灯台灯护眼	95.09	2	133.71	4	商家无法配送，联系我取消 50.00% / 不想要了 25.00% / 缺货 25.00%
可爱迷你小台灯简易宿舍照明神器学生护眼床头灯	112.95	7	47.54	3	不想要了 33.33% / 未按约定时间发货 33.33% / 拍多了 33.33%
百合花朵小台灯简易学生学习护眼夜灯床头灯	0.00	0	19.31	1	商家无法配送，联系我取消 100.00%

操作指南

（1）总结商品退款笔数所占比例和出现退款的原因。

退款商品名称	退款商品笔数	退款笔数		退款原因
		占比	评价（高或低）	

（2）根据退款原因，写出改进措施。

_____

_____

_____

任务评价

评价内容	分值	评价		
		自我评价	小组评价	教师评价
罗列的退款商品名称正确	15			
标注的退款商品笔数正确	15			
退款笔数占比正确	20			
每个原因归类正确	25			
改进措施合理	25			
合计	100			

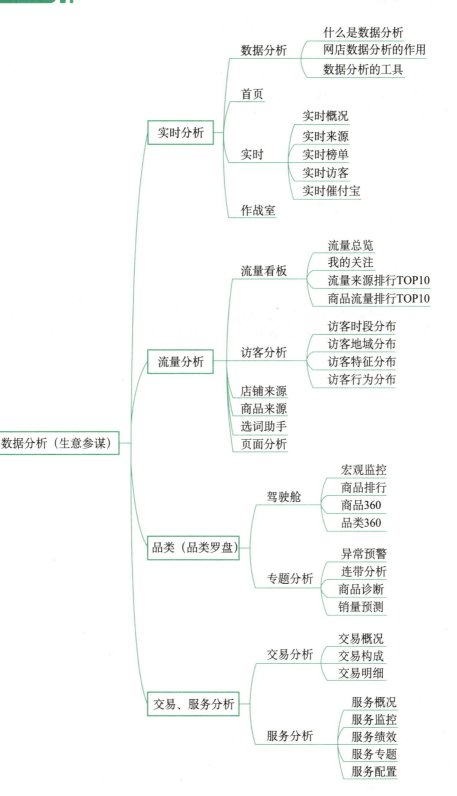

基础训练 ∥

网店数据分析

一、实训任务

请对某店铺的数据进行分析，找出店铺中存在的问题，并给出改进意见。

二、任务实施

1. 写出店铺数据分析情况。

_____

_____

_____

2. 写出店铺存在的问题。

_____

_____

_____

3. 写出店铺改进建议。

_____

_____

_____

三、任务评价

评价内容	分值	评价		
		自我评价	小组评价	教师评价
店铺数据分析正确	30			
所提店铺存在的问题有理有据	30			
店铺改进建议理由充分	40			
合计	100			

拓展训练

　　利用生意参谋中的实时分析、流量分析、交易分析、服务分析全面剖析自己的店铺，对店铺中存在的问题进行整改，做好店铺的引流和服务工作，提高店铺的经营效益。

在线资源

拓展学习

关键词点击

互动练习

我要推广

情境介绍

　　小营开设淘宝店铺有一段时间了，商品均已发布完成，店铺装修与优化也都已完成，但店铺的流量和销量却一直上不来。经过数据分析，他对店铺进行了优化。目前，他想打造两个爆款，利用爆款来引流，于是他决定对店铺进行推广。除了利用淘宝本身的推广小工具外，他还准备投入部分资金利用直通车来推广，先把流量和销量拉上来，再尝试淘宝客推广和站外推广。那么，小营应该选择哪些站内推广小工具进行推广？如何利用直通车打造爆款？如何将淘宝客推广做到最好？这些都是小营接下来需要学习和思考的问题。

学习目标

● 知识目标
1. 了解免费试用推广小工具的挑选和使用方法。
2. 了解直通车的推广方法。
3. 了解淘宝客的推广方式。

● 技能目标
1. 能够使用免费试用推广小工具进行推广。
2. 能够使用直通车进行推广。
3. 能够为网店进行淘宝客推广。

● 素养目标
1. 深刻理解以爱国主义为核心的民族精神。
2. 培养开拓创新、敢想敢闯会闯的职业品格。

▶ 任务一　免费试用推广小工具

📹 任务导入

在淘宝中要打造爆款，就需要进行推广，但在淘宝网上，80％的推广工具是要付费的。对于新店铺来说，一开始就利用付费工具来推广，成本很高。其实，在淘宝网上，也有很多付费小工具是可以免费试用的，只不过试用期间有些功能用不了，但如果能好好利用这些可试用的功能，也可以很好地对店铺或商品进行推广。小营决定拿出店铺的引流款蘑菇杯，利用免费试用推广小工具进行推广。他制定了以下任务单（见表5-1）。

表5-1　任务单

岗位	工作项目	具体要求	完成时限	验收
运营	制订推广计划	为引流款商品制订一个利用免费试用推广小工具进行推广的计划	2课时	
美工	主图设计	为引流款商品制作主图	2课时	
客服	熟悉商品信息	熟悉引流款商品的信息	2课时	
推广	站内推广工具推广	利用站内免费试用推广小工具进行推广	2课时	
验收人				

◎ 知识探究

一、什么是网店推广

推广，就是做广告。网店推广就是通过网络让更多的人了解、接受自己的产品、店铺，从而达到宣传、销售的目的。

二、网店推广的主要方式

网店推广的主要方式有两种：
（1）淘宝站内推广。
（2）淘宝站外推广。

三、淘宝站内免费试用推广小工具

在淘宝站内，有很多推广小工具，在这些小工具中，有些推广效果很不错。开店初期，如果直接购买这些小工具，那就显得太浪费，

扫一扫

微课：利用免费试用
工具进行推广

因为首先同类型的小工具有很多，不知道哪个工具合适，其次如果不懂得如何使用，可

能造成资源浪费，所以可以先利用一些免费试用小工具来进行推广，这样既可以节省成本，又可以了解哪个工具好用。

选择免费试用推广小工具的流程如下：

（1）在卖家中心点击"服务"（如图5-1所示），进入服务市场；也可以直接登录服务市场（https：//fuwu.taobao.com）。

（2）在服务市场页面的搜索栏中输入"推广工具"，点击"搜索"，如图5-2所示。

图5-1 点击"服务"

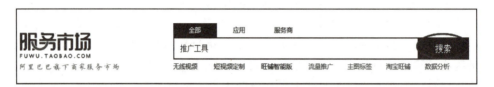

图5-2 在服务市场搜索页面搜索推广工具

（3）在搜索结果页面勾选"免费试用"框，就可以筛选出免费试用的推广小工具，如图5-3所示，根据需要选择一款小工具试用即可。

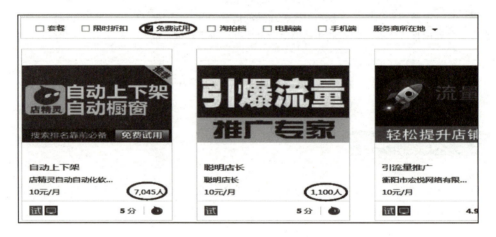

图5-3 筛选免费试用的推广小工具

很多小工具的功能相近，比如打折的工具有美折、宝折、云打折等，同类型的工具可以选使用人数多的来试用。

德技并修·知法守法

如此"推广引流"，涉嫌"帮信罪"

××法院宣判了一起帮助信息网络犯罪活动案件，多名被告人因在某网络平台为他人吸引流量，推广网络诈骗App而被认定为帮助信息网络犯罪活动罪，获刑十一个月至

一年，并处罚金。

经审理查明，2021 年 3—4 月，林某某等四位被告人共同成立"工作室"，为牟取非法利益，在明知他人利用信息网络实施犯罪的情况下，在某网络平台上帮助他人推广涉黄 App 链接，根据 App 下载及会员注册数量获利。经查，四位被告人因推广上述 App 收到结算提成共计人民币 457 478 元。App 持有人利用四位被告人推广的上述 App 对注册会员实施诈骗犯罪行为。

法院经审理认为，四位被告人明知他人利用信息网络实施犯罪，仍为其提供帮助，情节严重，其行为构成帮助信息网络犯罪活动罪。

法官提醒：在从事此类工作时，一定要注意审查自己所提供信息技术、推广营销服务的网站、App 是否合法，如明知他人利用信息网络实施犯罪，仍为其提供网络技术支持、服务，或者提供广告推广、支付结算等帮助，情节严重的，将构成帮助信息网络犯罪活动罪，法定刑为三年以下有期徒刑或者拘役，并处或者单处罚金。

同时也提醒广大市民，不要贪图蝇头小利，不要出售、出借自己的身份证、银行卡、手机卡，这些重要的身份信息一旦被不法分子用于电信网络诈骗、网络赌博等违法犯罪活动，不仅会使自己成为罪犯的"帮凶"，被依法追究法律责任，也会导致他人的血汗钱打水漂，造成难以挽回的财产损失。

任务实施

一、订购免费试用推广小工具

（1）在服务市场页面的搜索栏中输入"推广工具"，点击"搜索"后，勾选"免费试用"复选框，就可以找到"旺店宝"工具，如图 5 - 4 所示。将鼠标放上去，会显示该工具的介绍，如图 5 - 5 所示。

图 5 - 4　旺店宝工具

图 5 - 5　旺店宝工具介绍

（2）点击该工具，查看服务详情，选择"普通会员_暴涨流量"，周期选择"15天（免费试用）"，点击"立即购买"，如图5-6所示。

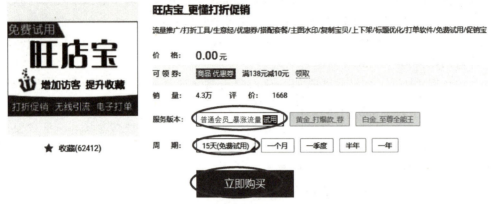

图5-6 引爆流量工具购买页面

（3）订购成功页面如图5-7所示，点击图标就可以进入设置。

图5-7 订购成功页面

（4）点击"使用"后，会弹出一个对话框，点击"立即授权"就可进入该工具的主页面，如图5-8所示。

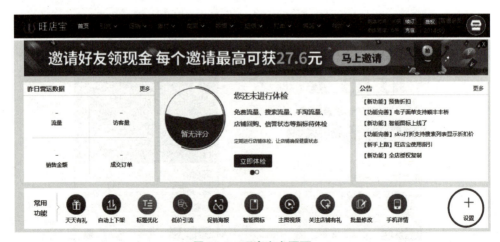

图5-8 旺店宝主页面

（5）把鼠标放在导航条中可以看到更多详细功能，例如将鼠标放在"引流"上，会弹出对应的详细功能，如图5-9所示。

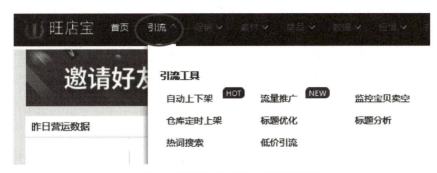

图5-9 旺店宝"引流"对应的功能

（6）点击图5-8所示页面中的"＋设置"，弹出如图5-10所示的功能界面，可以查看旺店宝的全部功能。

自定义快捷功能					✕
店铺引流	✓流量推广 ✓自动上下架		监控宝贝卖空	仓库定时上架 ✓标题优化	标题分析
	热词搜索 低价引流				
促销活动	活动列表	宝贝查询	个性打折	sku打折 统一打折	限购活动
	单品打折	首件优惠	全店打折	预售折扣 单品满就送	满就送
	全店满就送	时间阶梯	优惠券	手机专享价	
营销工具	自定义模板	关联列表	团购秒杀	套餐搭配 ✓促销海报	手机海报
	✓智能图标	主图图标	新无线活动页	✓主图视频 ✓关注店铺有礼	白底透明图
宝贝管理	我的宝贝	✓批量修改	宝贝医生	✓手机详情	宝贝复制 宝贝备份
数据分析	经营概况	流量分析	宝贝分析		
短信营销	短信关怀	群发短信	会员营销	会员管理	
打单发货	打单发货				
售后服务	差评防御	自动评价			
已选 9/10（最多可定制10个快捷按钮，可以取消再选哦）				取消 完成	

图5-10 旺店宝全部功能

下面介绍一下宝贝关联推广和流量推广功能，其他功能的操作方法类似。

二、宝贝关联推广

（1）进入旺店宝主页面，找到"素材"，点击"关联列表"，如图5-11所示。

（2）进入关联管理页面，点击"创建关联列表"—"去制作模板"，如图5-12所示。

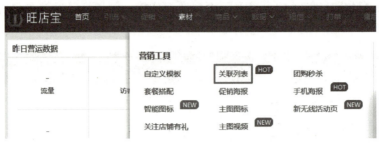

图 5-11 打开"关联列表"

图 5-12 创建关联列表

（3）选择合适的模板，点击"立即使用"，如图 5-13 所示。

模板宽度：750   支持宝贝数量：3个，6个，9个，12个

1春秋新款一粒扣长袖小西装女外套
RMB·490.00

英伦复古雕花布洛克970203
RMB·1270.00

23232026年春季黑女外套女大衣款
RMB·99.00

本模板【海报】支持自定义编辑   立即使用   关闭

图 5-13 选择合适的模板

（4）如果对顶部海报不满意，可以点击"编辑顶部海报"，进入"海报设计"页面，替换背景图或添加文字/贴图，点击"保存"及"关闭"，然后编辑"计划名称""投放位

置"投放时间"，并选择关联宝贝，如图 5 - 14 所示。

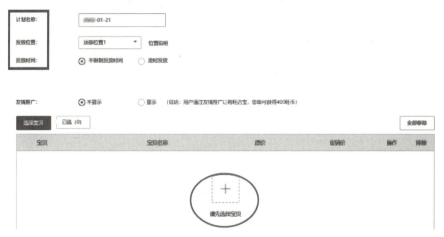

图 5 - 14　编辑关联页面

（5）编辑完成后点击"下一步：选择投放宝贝"。

（6）选择需要投放的宝贝，点击"下一步：开始投放"。

（7）等待处理完成后，提示投放成功，点击预览效果，如图 5 - 15 所示。

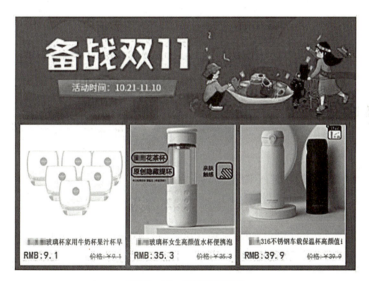

图 5 - 15　预览效果图

三、流量推广

（1）进入旺店宝主页面，点击"引流"，选择"流量推广"，如图 5 - 16 所示。

（2）点击"免费推广"，进入设置页面，如图 5 - 17 所示，点击"领取 5 个免费流量"，选择免费推广宝贝，设置推广访客数，点击"开始推广"。

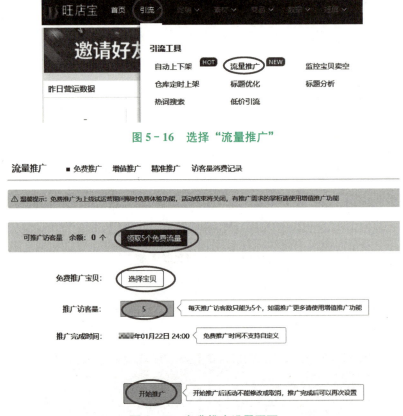

图 5-16　选择"流量推广"

图 5-17　免费推广设置页面

（3）完成设置后，进入图 5-18 所示增值推广页面，每个推广活动最多只能选择 1 个商品参加推广；如果需要推广多个商品，则需要创建多个推广计划，但推广需要旺币，只能免费创建一个计划。

图 5-18　增值推广页面

◉ 同步实训

任务描述

小明打算对淘宝店铺里的台灯进行推广，但又不知如何推广，请你为小明设计一个

推广方案。（台灯资料详见电子素材）

操作指南

（1）分析淘宝网上排名前 5 的同类产品的卖点、价格。

产品名称	店铺名称	卖点	价格

（2）根据本店产品的特点，确定本店的 1 个热销产品。

产品名称	打造热销产品的理由

（3）根据热销产品的特点、成本和淘宝网上同类产品的价格，确定本店产品的免费试用推广小工具。

产品名称	免费试用推广小工具

（4）根据确定的推广方式，优化产品主图。

产品名称	主图包含的内容

（5）根据推广工具的功能，强化客服必须掌握的产品卖点。

产品名称	产品主要卖点

任务评价

评价内容	分值	评价		
		自我评价	小组评价	教师评价
确定的热销产品有较强的卖点	10			
与网上同类产品相比具有优势	30			
推广方式合理	15			
推广的效果明显	30			
客户人群定位合理	15			
合计	100			

任务二 直通车推广

任务导入

使用推广工具后，小营淘宝店铺的销量逐步上升。为了进一步提升店铺的交易量，他准备选取一款商品尝试做直通车推广，同时也准备推广店铺，同步提升店铺和商品的展现率。他制定了以下任务单（见表5-2）。

表5-2　任务单

岗位	工作项目	具体要求	完成时限	验收
运营	制订推广计划	选款并制订一个直通车推广计划	2课时	
美工	直通车图设计	包含促销信息、商品卖点	2课时	
客服	熟悉商品信息	熟悉做直通车款的商品信息	2课时	
推广	直通车推广	设置直通车推广计划及关键词出价和投放时间、区域	2课时	
验收人				

知识探究

一、什么是淘宝直通车

淘宝直通车是专为淘宝卖家量身定制的一款推广工具，是按点击付费的营销工具，其精准搜索匹配功能可以给商品带来更加精准的潜在客户。每件商品可以设置200个关键词，卖家可以对每个竞价关键词自由定价，并且可以看到在淘宝网上的排名位置，排名位置可用淘大搜查询，并按实际被点击次数付费。

二、淘宝直通车的准入条件

淘宝网卖家要开通淘宝直通车，需要具备以下条件：

（1）店铺状态正常（店铺可正常访问）；

（2）用户状态正常（店铺账户可正常使用）；

（3）淘宝店铺的开通时间不低于24小时；

（4）近30天内成交金额大于0；

（5）店铺综合排名靠前；

（6）店铺因违反《淘宝平台规则总则》中的相关规定被处罚扣分的，还需符合一些额外条件。

三、淘宝直通车展示位置

PC 端搜索结果页带"掌柜热卖"和"广告"标识的，无线端带"广告"标识的，即为淘宝直通车的展示位置。

淘宝网搜索结果页面左侧有 1～3 个带有"广告"标识的展示位，最右侧展示 1～16 个（如图 5－19 所示），底端展示 1～5 个（如图 5－20 所示），搜索页面可一页一页往后翻，展示位以此类推。此外，"已买到宝贝"页面中的"掌柜热卖"、"我的收藏"页面中的"掌柜热卖"、"每日焦点"中的"热卖排行"，以及淘宝首页靠下方的"热卖单品"也都是展示位。

图 5－19　搜索结果页最右侧直通车展示位

图 5－20　搜索结果页底端直通车展示位

手淘搜索结果页每隔 5 个或 10 个宝贝有 1 个带"广告"标识的展示位，即 1＋5＋1＋5＋1＋…或 1＋10＋1＋10＋1＋…，其中的"1"表示的就是直通车的展示位置。

四、淘宝直通车的推广原理

1. 排名规则

影响直通车推广排名最主要的两个因素是推广出价和质量得分。一般情况下，设置的推广出价越高，并且质量得分越高，推广的商品越有机会展现在靠前的直通车展位。

什么是质量得分？质量得分是衡量卖家设置的关键词与商品推广信息和买家搜索意向之间相关性的一个重要参考，它的计算涉及多种因素，主要有：

（1）创意质量：推广创意图片的反馈效果，包括推广创意的点击反馈、图片质量等；

（2）相关性：关键词与商品类目、属性、标题等的相符程度；

（3）买家体验：买家在店铺的购买体验和账户最近的关键词推广效果，包括直通车转化率、收藏与加购、关联营销、详情页加载速度、好评与差评率、旺旺响应速度等影响购买体验的因素。

2. 单次点击扣费规则

直通车推广按点击扣费，只有在展位上点击了卖家推广的商品才会扣费。扣费原则是按卖家关键词设定的出价，扣费小于等于出价。如果是在自然搜索中点击宝贝，则不会产生直通车扣费。

五、开通淘宝直通车

（1）进入直通车后台。进入卖家后台后，点击"推广"—"直通车"—"前往直通车后台"，即可进入直通车后台。如图5-21所示。

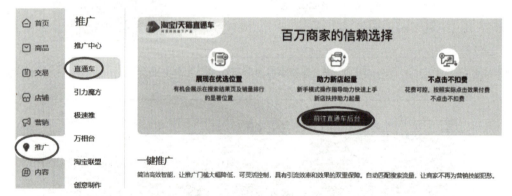

图5-21 进入直通车后台

（2）确认协议。首次进入直通车后台，需要同意协议，请自行阅读《淘宝直通车软件服务协议》并确认，如图5-22所示。

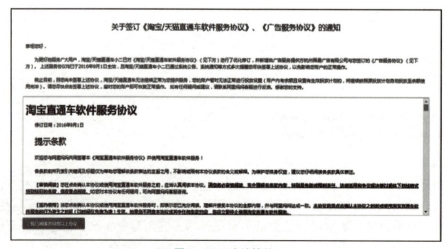

图5-22 确认协议

（3）充值。在直通车后台点击"我要充值"即可进行充值操作，首次充值最低 500 元，续充最低 200 元。直通车充值页面如图 5-23 所示。

图 5-23　直通车充值页面

六、淘宝直通车主页面介绍

开通了直通车功能后，就可以进入直通车主页面进行相应的设置。直通车主页面主要有 6 个功能：首页、推广、报表、账户、工具和妈妈 CLUB，如图 5-24 所示。

图 5-24　直通车主页面

七、直通车基础操作

微课：利用淘宝直通车进行推广

直通车推广主要包括宝贝推广和店铺推广。推广方式的设立步骤如下：

第一步，先建立一个标准推广计划。

第二步，为标准推广计划设置推广方式：宝贝推广或店铺推广。

第三步，新建宝贝推广或店铺推广。以宝贝推广为例：

（1）选择宝贝。

（2）添加创意。

（3）设置搜索的关键词。

（4）设置关键词的出价。

（5）添加精选人群。

第四步，设置更具体的推广方式：关键词推广或定向推广。

第五步，设置直通车推广计划的四大参数：日限额、投放平台、投放时间、投放地域。

▶ 任务实施

一、选款做直通车推广

1. 甄选推广宝贝

进行直通车推广，选好宝贝是最关键的步骤，也是前提。如果宝贝选得不好，无论有多少人流进来，也无法提高转化率。选择宝贝的具体要求如下：

首先，推广的宝贝一定要有突出的卖点，比如性价比高、产品功能强、品质好等。

其次，推广的宝贝一定要是店铺中综合质量较高的。可以根据宝贝动销、收藏加购和宝贝访问情况选择排名靠前的宝贝，可借助生意参谋中的商品排行模块进行筛选，如图 5-25 所示。

图 5-25　商品排行分析

根据宝贝筛选要求，小营选择了一款男士办公玻璃杯尝试做直通车推广。

2. 对推广宝贝进行优化

（1）宝贝所属类目的优化。宝贝的类目是否发布正确，很大程度上会影响关键词的质量得分高低，所以首先要检查自己的宝贝类目有没有发布错误。

（2）宝贝标题的优化。宝贝标题要根据关键词的点击情况进行优化，把点击率高、展现量大且转化率高的关键词添加到商品标题中，提高宝贝被搜索到的概率。

（3）宝贝推广标题的优化。根据宝贝标题的优化情况对宝贝推广标题进行相应的更改，可以提高关键词的得分。

（4）宝贝推广图的优化。宝贝推广图是直接展示在展示窗的图片，目标客户是否会点击进店查看此款宝贝，推广图起着关键作用。推广图必须直击宝贝卖点，比如性价比、产品功能、品质等。

二、开通淘宝直通车

（1）进入直通车后台。进入卖家后台，点击"推广"—"直通车"—"前往直通车后台"，即可进入直通车后台，如图 5−26 所示。

图 5−26　进入直通车后台

（2）充值。进入淘宝直通车首页后，点击"充值"，进入充值页面，如图 5−27 所示。淘宝直通车第一次充值要预存 500 元以上的费用，以后再充值时只要高于 200 元即可。

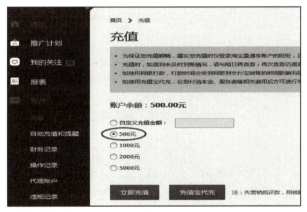

图 5−27　直通车充值页面

三、新建宝贝推广计划

直通车可分为智能计划和标准计划。智能计划系统通过直通车大数据帮淘宝店铺运营者完成选词、出价、溢价、匹配相关人群等操作，适合运营新手进行操作，也可以用来批量推广测款测词。标准计划适合做精准的单品推广，需要淘宝店铺运营者自己完成选词、出价、溢价、设置投放时间和地域等全部操作，可以达到更精准的推广效果。

小营要把店铺中的男士办公玻璃杯打造成热销产品，准备在直通车里新建标准计划推广。

1. 新建直通车标准计划推广

（1）点击"推广"下的"标准计划"，如图 5 - 28 所示。

图 5 - 28　点击"标准计划"

（2）点击"＋新建推广计划"，如图 5 - 29 所示。

图 5 - 29　点击"＋新建推广计划"

（3）推广方式选择"标准推广"，如图 5 - 30 所示。

图 5 - 30　选择"标准推广"

2. 推广设置

（1）设置日限额。将计划命名为"男士玻璃杯"。本店要打造的爆款是男士办公玻璃杯，目标人群为 20～40 岁的男性人群，上班族和学生居多，由于刚开始操作，对直通车不是很熟悉，所以设置一天最多消费 30 元（在消费了 30 元后，推广计划会自动停止，推广的宝贝会自动停止展示）。计划名称和日限额设置页面如图 5 - 31 所示。

图 5 - 31　计划名称和日限额设置页面

（2）设置投放位置。点击图 5-31 所示高级设置中的"设置'投放位置/地域/时间'"，打开高级设置。为了让投放效果更明显，将投放位置设置为手淘搜索、淘宝网搜索和站外优质媒体。

（3）设置投放地域。由于本店要打造爆款的玻璃杯适合所有地区的人群，所以不限地域使用，选择所有区域，如图 5-32 所示。

图 5-32 设置投放地域

（4）设置投放时间。由于本店要打造的爆款商品的目标人群以上班族和学生居多，所以设置的时间为周一至周五 11:00—14:00、18:00—24:00，周六、周日全天，如图 5-33 所示。

图 5-33 设置投放时间

（5）选择投放宝贝。点击"添加宝贝"，找到要推广的男士玻璃杯，如图 5-34 所示。

图 5-34 选择投放宝贝

（6）创意预览。完成以上步骤，自动生成如图 5-35 所示创意预览。该创意默认使用主图，标准计划新建完成后可以在创意板块进行更换设置。

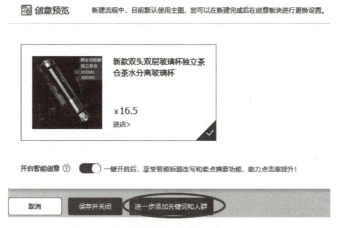

图 5-35　创意预览

3. 推广方案设置

（1）添加关键词。点击创意预览页面中的"进一步添加关键词和人群"，进入推荐关键词页面，如图 5-36 所示。

图 5-36　推荐关键词页面

为此款宝贝添加搜索关键词，并为关键词出价。单击推荐关键词页面中的"＋更多关键词"，可以添加 200 个关键词。在添加关键词时，要注意所选关键词必须是与本宝贝相关的属性，并且在选择时要注意推荐关键词的市场平均出价，如果设置的关键词的出价低于平均价太多，那展示的位置就会很靠后，同时还要关注竞争指数、点击率和点击转化率，完成后点击"确定"，如图 5-37 所示。

（2）设置关键词匹配方式和出价。点击图 5-37 所示页面中的匹配下拉框可以对关键词设置广泛匹配和精准匹配。不同的匹配方式有不同的特点，设置精准匹配可以实现

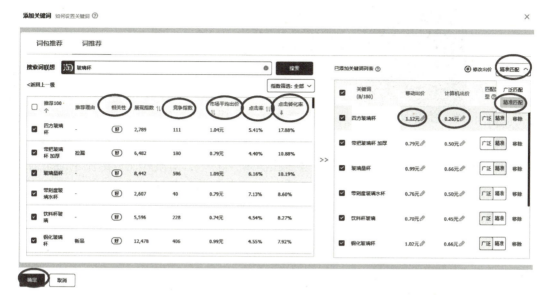

图 5 - 37　关键词参考指标

精准引流，降低推广成本；设置广泛匹配可以实现大量引流，圈定更多的潜在消费者，但推广费用相对较高。点击图 5 - 37 所示页面中的价格可以对关键词修改价格，每个关键词的低价是由市场决定的，与关键词所属的行业、关键词专业程度和市场关注度等因素有关，因此设置关键词出价时，应结合市场平均价来进行调整。

（3）批量修改出价和修改匹配方式。直通车标准计划可以对所选的关键词批量修改出价，可以对电脑端和移动端进行"自定义出价"、"提高/降低出价幅度"和"提高/降低出价百分比"等设置。点击"修改匹配方式"可以对关键词批量设置广泛匹配和精准匹配。如图 5 - 38 所示。

图 5 - 38　批量修改出价和修改匹配方式

（4）点击"推荐人群"，可以对人群进行设置，如图 5 - 39 所示。点击"＋更多精选人群"，可以添加更多的人群；点击"修改溢价"，可以对推荐人群的溢价进行成批添加修改操作。

图 5 - 39　推荐人群设置

（5）智能调价。智能调价工具是一款根据出价目标，针对不同质量的流量动态溢价的工具。开启智能调价后，系统将提高高质量流量的溢价，降低低质量流量的溢价，在保障转化效果的前提下，尽量达成出价目标。根据店铺男士玻璃杯的销售目标，我们选择"促进成交"，如图 5 - 40 所示。

图 5 - 40　在智能调价页面选择"促进成交"

4. 完成推广

点击"完成推广"，这个推广计划就完成了，如图 5 - 41 所示。点击"查看该推广详情"，可进入查看宝贝推广计划页面，如图 5 - 42 所示。

添加推广单元完成！

你可以查看该单元详情，或者继续新建单元！

图 5 - 41　推广计划完成

图 5 - 42　查看宝贝推广计划页面

◎ **同步实训**

任务描述

小明打算从自己的淘宝店铺里选两款台灯进行直通车推广，请你为他设计一个直通车推广计划。（台灯资料详见电子素材）

操作指南

（1）设计一个直通车推广计划。

宝贝名称	直通车推广方式	日限额	投放时间	投放地域

（2）优化宝贝的推广创意图。

宝贝名称	创意图包含的内容

（3）设定宝贝的推广标题。

宝贝名称	推广标题

（4）甄选宝贝的关键词。

宝贝名称	设定关键词	关键词出价

任务评价

评价内容	分值	评价		
		自我评价	小组评价	教师评价
选取的推广宝贝合理	20			
推广创意图能直击目标客户的痛点	15			
推广标题设置合理	20			
关键词的设置满 200 个	15			
关键词的选择合理	30			
合计	100			

▶ 任务三　淘宝客

任务导入

　　小营店内销售的蘑菇杯造型可爱、价格实惠，买家评价好，销量也不错，他想对这款杯子进行淘宝客推广。为此，小营制定了以下任务单（见表5-3）。

表5-3　任务单

岗位	工作项目	具体要求	完成时限	验收
运营	制订计划	制订淘宝客推广计划	2课时	
美工	主图设计	为开通淘宝客推广的商品制作主图	2课时	
客服	推荐淘宝客商品	对推广的商品进行推荐	2课时	
推广	招募淘宝客	招募淘宝客进行商品推广	2课时	
验收人				

知识探究

一、什么是淘宝客

1. 淘宝客的定义

　　淘宝客，简称 CPS，属于效果类营销推广。区别于淘宝直通车的按点击付费，淘宝客是一种按成交计费的推广模式，淘宝客获取商品链接或者代码，买家通过淘宝客的推广（链接、个人网站、博客或者帖子）进入淘宝卖家店铺完成购买后，淘宝客就可得到由卖家支付的佣金。简单地说，淘宝客就是指帮助卖家推广商品并获取佣金的人，这里所说的购买必须是有效购物，即指确认收货。

2. 淘宝客推广展示位置

　　（1）网站弹窗，如图5-43所示。

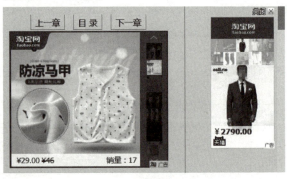

图5-43　淘宝客网站弹窗

（2）导购类网站，如折 800（如图 5-44 所示），这类网站引导买家通过其平台进入淘宝网购买。

图 5-44　导购类网站折 800

（3）博客类网站，如博客（如图 5-45 所示）、微博（如图 5-46 所示）等。博主通过博文的形式发布软文，在软文中带有产品二维码、链接、淘口令等。

图 5-45　博客类淘宝客

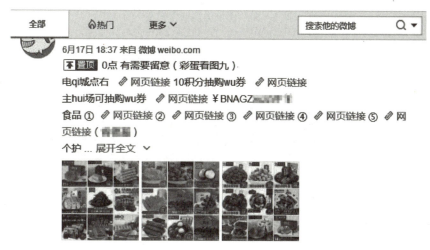

图 5-46　微博类淘宝客

（4）互动类网站，如淘宝头条（如图 5-47 所示）、关注（如图 5-48 所示）、淘宝直播（如图 5-49 所示）等。以直播为例，主播在直播的过程中发布产品链接，或分享产品链接在自己的主页，客户购买后即产生淘宝客佣金。

（5）比价类网站，如慢慢买（如图 5-50 所示）、盒子比价网（如图 5-51 所示）等。通过产品的筛选对比，让买家觉得实惠进而购买。

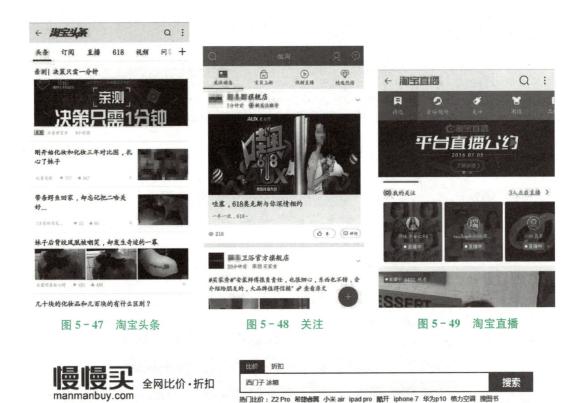

图 5 - 47　淘宝头条　　　　　图 5 - 48　关注　　　　　图 5 - 49　淘宝直播

图 5 - 50　比价类网站慢慢买

图 5 - 51　比价类网站盒子比价网

（6）返利网站，如比购（如图 5 - 52 所示）。这种网站的优势在于能够囤积自己的大批顾客，但是，由于淘宝网对返利网站的限制，所以其操作不符合淘宝网的相关规定，存在难度。

3. 淘宝客交易的流程

在淘宝客交易中，有淘宝联盟、卖家、淘宝客及买家四个角色，每一个角色都是不可或缺的。淘宝客交易流程如图 5 - 53 所示。

图 5 - 52　返利网站比购

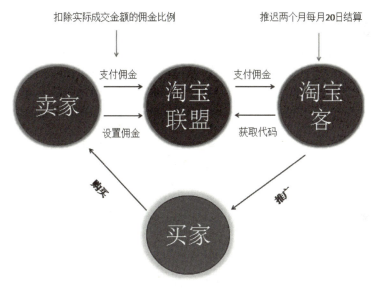

图 5 - 53　淘宝客交易流程

（1）淘宝联盟：阿里巴巴旗下的一个推广平台，可以帮助卖家推广产品、帮助淘宝客赚取利润，从每笔推广的交易中抽取相应的服务费用。

（2）卖家：佣金支出者，把需要推广的产品提供给淘宝联盟，并设置每卖出一件产品支付的佣金。

（3）淘宝客：赚取佣金的人，在淘宝联盟中找到卖家发布的产品，并且推广出去，当有买家通过其发布的推广链接成交后，就能够赚到卖家所提供的佣金（其中一部分需要作为淘宝联盟的服务费）。

（4）买家：在网站上进行购买的人。

举例说明：淘宝客在淘宝联盟中找到一款水滴保温杯，这款产品的佣金是 12%，店里的类目佣金是 10%。淘宝客在其他网站发布这款产品的链接，买家点击链接并进入淘宝店铺购买了这款水滴保温杯，卖家就应该付给淘宝客成交金额（需要扣除运费）的 12% 作为佣金。如果买家点击后没有马上购买，而是在 15 天内进行了购买，卖家仍应付

给淘宝客成交金额12%的报酬。如果买家没有购买淘宝客发布的水滴保温杯，而是在店里购买了其他产品，卖家则按成交金额的10%付给淘宝客报酬，同样也是15天内有效。

4. 淘宝客准入条件

（1）卖家店铺动态评分各项分值均不低于4.5。

（2）店铺状态正常且出售中的商品数大于等于10件（同一商品库存有多件的，仅计为1件商品）。

（3）签署支付宝代扣款协议。

（4）未在使用阿里妈妈或其关联公司其他营销产品（包括但不限于钻石展位、淘宝直通车、天猫直通车等）服务时因违规被中止或终止服务。

5. 淘宝客的开通方法

（1）进入千牛卖家中心，点击"推广"—"淘宝联盟"，如图5-54所示。

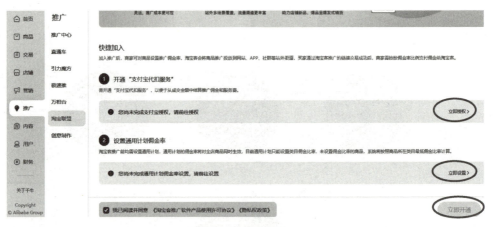

图5-54　淘宝客入口

（2）开通"支付宝代扣服务"，点击"立即授权"，进入开通"支付宝账户付款"服务页面，如图5-55所示，阅读协议并填入需要绑定的支付宝账户和密码。

（3）设置通用计划佣金率，如图5-56所示，可以采用系统默认值（设置后可以修改）。

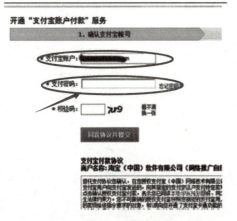

图5-55　开通"支付宝账户付款"服务页面

图5-56　通用计划佣金率设置页面

（4）设置完成后点击图 5-54 所示页面中的"立即开通"，出现提示入驻成功页面，如图 5-57 所示。

图 5-57　提示入驻成功页面

（5）点击"返回首页"，进入淘宝联盟管理页面，如图 5-58 所示。

图 5-58　淘宝联盟管理页面

二、淘宝客自主推广

淘宝客自主推广包括通用计划、营销计划、定向计划和自选计划，如图 5-59 所示。

图 5-59　淘宝客自主推广

1. 通用计划

通用计划是默认开通并且全店商品参加推广的计划。该计划仅支持设置类目佣金比率，未设置佣金比率的商品，系统默认按照商品所在类目最低佣金比率计算。这个计划不设定任何门槛，新店建议设置类目的基础佣金，佣金比率一般是 1％～5％。佣金比率最高 60％，佣金修改之后次日生效。此计划无须申请，且佣金比率不宜过高。

点击"通用计划"，再点击"佣金管理"中的"类目佣金率"即可对该类目设置佣金比率，如图 5－60 所示。

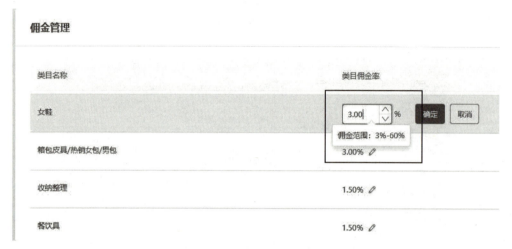

图 5－60　类目佣金率设置

2. 营销计划

营销计划是商家在淘宝联盟后台进行单品推广的新计划。该计划支持推广单品管理、优惠券设置管理、佣金管理、营销库存管理、推广时限管理等商家推广所需的基本功能，并支持查看实时数据及各项数据报表。

淘宝客营销计划和其他计划最大的区别就是：设置了单品佣金后，后台直接展示，淘宝客直接获取链接，主动推广商品。

商家开通淘宝客推广后，需同时符合以下条件，方可开通营销计划：

（1）店铺状态正常（店铺可正常访问）。

（2）用户状态正常（店铺账户可正常使用）。

（3）近 30 天内成交金额大于 0。

（4）掌柜信用≥300 分。

（5）近一年内未存在修改商品如类目、品牌、型号、价格等重要属性，成为另外一种宝贝继续出售被淘宝处罚的记录。

（6）近 365 天因虚假交易（严重违规虚假交易除外）被淘宝扣分的，累计扣分＜6 分。

（7）账户实际控制人的其他阿里平台账户（以淘宝网排查认定为准），未被阿里平台处以特定严重违规行为的处罚，未发生过严重危及交易安全的情形。

（8）店铺综合排名良好。店铺综合排名指阿里妈妈通过多个维度对用户进行排名，排名维度包括但不限于用户类型、店铺主营类目、店铺服务等级、店铺历史违规情况等。

营销计划开通流程如图 5－61 所示。

1. 登录淘宝客

2. 选择营销推广类型

3. 添加主推商品

4. 为主推商品设置推广策略：推广时间、佣金比率、优惠力度

5. 淘宝客投放

6. 查看商品推广数据

图 5－61　营销计划开通流程

3. 定向计划

使用定向计划，可以跟指定淘宝客合作，并追踪他们的推广效果。定向计划类型分为基础定向计划和高级定向计划。

基础定向计划：商家创建好计划以后，可以在列表页点击"邀请淘宝客"，将邀请链接发送给邀请的淘宝客，由淘宝客发起申请，商家审核通过后达成合作。

高级定向计划：创建高级定向计划后，官方将通过各淘宝客触达通道，将邀请链接发送给邀请的淘宝客，由淘宝客发起申请，商家审核通过后达成合作。同时可在"定向计划报表"中查看新客数据。

定向计划开通流程如图 5－62 所示。

4. 自选计划

自选计划是店铺中设置为公开自动审核定向计划的升级计划。该计划是为商家管理淘宝客而量身定制的新计划，可以提供淘宝客推广店铺效果数据、淘宝客推广能力评估。商家还可根据各淘宝客的推广情况，选择同淘宝客建立具体的推广关系，如为某淘宝客开设人工审核的定向计划等。商家通过自选计划，可以拉近与淘宝客的关系，明确淘宝客的推广能力及自主管理与淘宝客的合作关系。

图 5-62　定向计划开通流程

自选计划、营销计划、定向计划各自的优势是：自选计划是定向计划中公开自动审核计划的升级版本，定向计划、自选计划为渠道推广计划，商家可以选择不同的渠道（淘宝客）进行推广；营销计划为单品推广计划，商家可选择想要推广的商品，为其设置佣金比率、活动时间，或参与团长活动进行推广。

自选计划开通流程如图 5-63 所示。

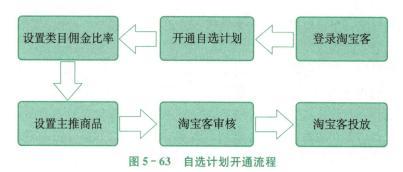

图 5-63　自选计划开通流程

微课：淘宝客招募

三、淘宝客招募

招募淘宝客，几乎是每一个淘宝店铺都在做的事。淘宝客招募的主要方式有：寻找合作网站、论坛发帖、寻找资源（利用 QQ 群、微信群）、阿里任务。

任务实施

一、为蘑菇杯设置淘宝客计划

（1）开通淘宝客，如图 5–64 所示。

图 5–64　开通淘宝客

（2）选择推广计划，如图 5–65 所示。

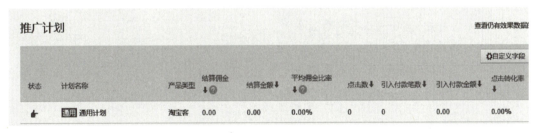

图 5–65　选择推广计划

（3）设置佣金比率，如图 5–66 所示。卖家可以在 1.5%～50% 的范围内根据自身的情况酌情设定佣金比率，若太低则淘宝客不会帮助推广，若太高则成本较高。

图 5–66　设置佣金比率

蘑菇杯产品原价 28 元，设置佣金比率为 10%，需要支付佣金 2.8 元，促销价 14.9 元，那么佣金就是 1.49 元。如果买家用了优惠券，实际销售价格为 9.9 元，那么佣金金额就是 0.99 元。

二、到论坛招募淘宝客

招募淘宝客的方法有很多，论坛招募是一种比较简单且可行的方法。

小广写的招募淘宝客帖子如下：

店铺名称：建斌商城。

店铺属性：淘宝店铺。

主营业务：水杯。

推广商品：蘑菇杯。

商品网址：×××××。

佣金比率：佣金比率最低2％，最高10％，平均佣金3％，月推广100单以上可申请长期合作，享受14％高佣金。

联系方式：QQ×××××（加好友时请备注自己是淘宝客）。

店铺推广网址：×××××。

选择我们的几大理由：

理由1：本店的客单价高，客户购买转化率高。

理由2：本店的产品性价比高，同行业对比领先转化。

理由3：库存充足，你只管引流，由我们提供专业的售前售后服务，让你无后顾之忧。

我们郑重承诺：

（1）一个月成交20笔以上奖励60元。

（2）一个月成交30～50笔奖励200元。

（3）一个月成交70～100笔奖励500元。

（4）一个月成交100～150笔奖励800元。

（5）一个月成交150笔以上奖励1 500元。

同步实训

任务描述

小明想利用淘宝客对店铺的F158台灯进行推广，这款台灯的成本价是68元，售价是100元，该选择何种淘宝客计划？佣金比率设为多少合适？请你帮小明解决这些问题并设计一个淘宝客招募帖。（台灯资料详见电子素材）

操作指南

（1）填写表格。

商品成本价（元）	商品售价（元）	淘宝客计划	商品佣金比率（%）	需要支付佣金（元）
68	100			

（2）撰写淘宝客招募帖。

店铺名称：_____

店铺属性：_____

主营业务：_____

推广商品：_____

商品网址：_____

佣金比率：_____

联系方式：_____

店铺推广网址：_____

选择我们的几大理由：

理由 1：_____

理由 2：_____

理由 3：_____

理由 4：_____

我们郑重承诺：

承诺 1：_____

承诺 2：_____

承诺 3：_____

承诺 4：_____

承诺 5：_____

任务评价

评价内容	分值	评价		
		自我评价	小组评价	教师评价
淘宝客计划选择合理	10			
佣金比率设置合理	30			
招募淘宝客的帖子表达准确	15			
招募淘宝客的帖子具有吸引力	30			
招募淘宝客的帖子有新意	15			
合计	100			

📺 情境总结 ▌▌

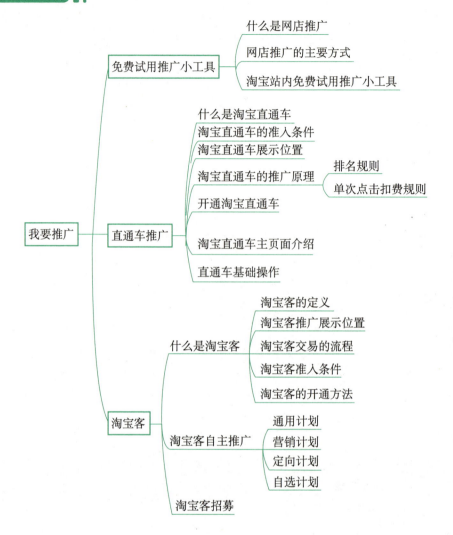

🔖 基础训练 ▌▌

制订产品推广计划

一、实训任务

请根据推广要点制订台灯的推广计划。

二、任务实施

1. 设定要推广的宝贝、宝贝的卖点及要使用的推广工具

（1）推广的宝贝：_____

（2）宝贝的卖点：

_____

_____

（3）要使用的推广工具的具体要求和工作计划：

推广工具	具体要求	工作计划
免费试用推广小工具	首选引流工具	
直通车	关键词出价取同行平均水平	
淘宝客	设置合适的淘宝客计划	

2. 推广费用预算

项目	费用预算
免费试用推广小工具	
直通车	
淘宝客	

3. 具体工作安排

名称	工作内容说明	人员	完成时间
宝贝的甄选	（1）运营根据店铺宝贝的情况，选出预推宝贝 （2）运营根据预推宝贝进行大数据分析，验证其可行性和推广参数		
宝贝主图的制作	（1）运营向美工提交促销信息和宝贝卖点 （2）美工完成主图的制作		
免费试用推广小工具的使用	（1）运营根据需要，甄选出 2 款引流的推广小工具 （2）推广根据运营的要求进行推广小工具试用		
直通车的使用	（1）运营确定直通车的四大参数要求，定好关键词的出价 （2）推广完成宝贝的直通车推广计划		
淘宝客的使用	（1）运营根据店铺产品情况选择淘宝客计划 （2）推广进行淘宝客计划设置		
客服部分	客服熟练掌握主推宝贝的促销信息、卖点和参数，准备应对买家的咨询与下单		

三、任务评价

评价内容	分值	评价		
		自我评价	小组评价	教师评价
对免费试用推广小工具中的引流工具比较熟悉	10			
能熟练设置和分析直通车中的数据	30			
能用淘宝客对店内产品进行推广	30			
具体工作安排合理、细致	30			
合计	100			

★ 拓展训练 ▌▌

请你利用免费试用推广小工具、直通车、淘宝客对自己店铺的产品进行推广。

📱》在线资源 ▌▌

拓展学习

关键词点击

互动练习

活动报名

　　小营运营了一段时间店铺后发现，除了日常的关联搭配营销、红包、优惠券、赠品等，他把精力都放到优化、营销推广、淘宝客、直通车上，而忽略了一个非常巨大且潜力十足的流量聚集地——活动。通过报名参与官方活动，能突破自然销量，让店铺快速成长。

学习目标 ▐▐

● **知识目标**
1. 了解官方活动报名流程及规则。
2. 学会制订活动计划。

● **技能目标**
能够根据活动的要求及报名技巧报名参加活动。

● **素养目标**
1. 提高法治素养，树立知法、懂法、守法意识。
2. 培养团结合作的精神。

▶ 任务一　营销活动

任务导入

　　营销活动是淘宝官方日常活动之一，可以增加店铺短期内的销量，还可以使消费者增强品牌概念、增加产品的使用量，从而提升店铺的知名度与美誉度。小营打算策划报名营销活动，在此之前他要先了解营销活动的规则，于是他制定了以下任务单

（见表 6-1）。

表 6-1　任务单

岗位	工作项目	具体要求	完成时限	验收
运营	活动策划	负责活动整体规划，制定活动方案	2 课时	
美工	图片制作	制作白底主图及活动海报图	2 课时	
客服	快捷短语制作	制作快捷短语，做好接待客户的准备	2 课时	
推广	活动报名	报名参加"可报名"的活动	2 课时	
验收人				

知识探究

淘宝网的活动大致可以分为两大类：淘宝站内活动（淘宝官方活动）和站外活动（第三方活动）。

一、淘宝官方活动

淘宝官方活动大致可以分成三大类，即官方大促、营销活动及行业活动。

1. 官方大促

官方大促流量最大，可分为节日活动（如淘宝年货节、三八女王节、七夕告白季等）和其他活动（如新势力周、年中大促、"双十一"等）。

2. 营销活动

营销活动有天天特卖、聚划算、百亿补贴、88 会员、官方直播间等，此类活动的可选性比较大，卖家可以根据自身的产品和条件来决定要报名的活动。

3. 行业活动

行业活动流量相对较小，主要是某一个类目频道的主题活动，每个一级类目都有一个属于自己的类目频道，频道内会有固定的频道活动，以及不定期的主题活动，比如淘宝运动户外、淘宝食品、淘宝母婴、淘宝内衣、配件手表眼镜等。

这三类活动是有层级的，对于中小卖家来说，可以从行业活动做起，这种活动相对来说报名通过更加容易。通过行业活动把店铺整体销量、评分等各种基础完善后，可以关注营销活动，此类活动比行业活动流量大，能够帮助店铺实现稳定增长。店铺的基础销量以及基础权重都优化到一定程度后，下一步就可以整合全年运营规划，争取报名官方大促活动。

二、站外活动

站外活动主要是指参加第三方网站（如返利网、折 800 等）的活动。由于淘宝网逐渐将流量集中在自己网站，不将站外的销量计入权重，因此建议以站内活动为主。

三、营销活动招商要求

1. 违规限制

（1）近 90 天内无一般违规行为节点处理记录；

（2）近 90 天内无虚假交易扣分；

（3）近 365 天内无严重违规行为节点处理记录；

（4）近 730 天内出售假冒商品扣分未达 24 分，近 365 天内出售假冒商品扣分未达 12 分，且本自然年度内无出售假冒商品扣分；

（5）未在搜索屏蔽店铺期；

（6）无其他被限制参加营销活动的情形。

2. 服务能力

（1）店铺 DSR 评分三项均≥4.6；

（2）近 30 天内纠纷退款率不超过店铺所在主营类目纠纷退款率均值的 5 倍或纠纷退款笔数＜3 笔。

3. 经营能力

由淘宝网结合卖家多维度经营情况（如诚信经营情况、店铺品质、商品竞争力等）及各营销活动侧重等进行综合评估。

德技并修·知法守法

网购者的"保护伞"

吴女士在某网购平台上看到一款羊毛衫在搞限时促销活动，活动规则显示 2023 年 11 月 10 日 0 时开始促销，前半小时内下单，即可享受一折的超值优惠。为享受该优惠，吴女士熬夜至该日 0 时下单购买并付款成功，之后便等待卖家发货。第二天，吴女士再次登录该网购平台发现，卖家私自发起退款关闭了该交易，并将货款全额退还。吴女士知道后非常失望，自己为了下单熬夜付出，心里的那份期待却落了空，于是去找卖家理论。卖家却称促销价格低，购买量太大，只能临时限购，但其表示已经全额退款，所以不承担责任。

《民法典》第四百六十九条规定：当事人订立合同，可以采用书面形式、口头形式或者其他形式。书面形式是合同书、信件、电报、电传、传真等可以有形地表现所载内容的形式。以电子数据交换、电子邮件等方式能够有形地表现所载内容，并可以随时调取查用的数据电文，视为书面形式。第四百九十一条第二款规定：当事人一方通过互联网等信息网络发布的商品或者服务信息符合要约条件的，对方选择该商品或者服务并提交订单成功时合同成立，但是当事人另有约定的除外。根据以上规定，吴女士与卖家签署的合同为电子网络购物合同。在双方没有另行约定的情况下，网络购物合同成立的时间即是提交订单成功的时间。本案中，吴女士在提交订单成功后，她与卖家签订的买卖合同已经成立，那么双方就应该按照合同约定履行义务。在本案所涉买卖合同法律关系中，消费者吴女士应履行付款义务，卖家应履行按时发货义务。但卖家非但没有发货，反而单方取消订单，故吴女士有权向卖家主张违约责任。

思政点拨：

党的二十大报告指出，要"加快建设法治社会"，"弘扬社会主义法治精神，传承中华优秀传统法律文化，引导全体人民做社会主义法治的忠实崇尚者、自觉遵守者、坚定捍卫者"，"努力使尊法学法守法用法在全社会蔚然成风"。

任务实施

淘宝网的活动可分为三大类：官方大促、营销活动及行业活动，如图6-1所示。

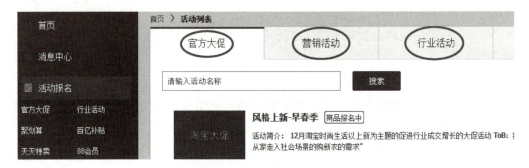

图6-1　淘宝网活动中心页面

微课：报名行业
营销活动

小营要报名参加营销活动，报名流程如下：

（1）输入网址 https：//sale.taobao.com，点击进入。

（2）登录淘宝账号，点击"卖家中心"—"营销"—"活动报名"，如图6-2所示。

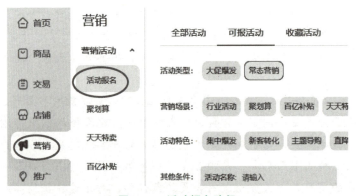

图6-2　活动报名路径

（3）进入活动报名页面后，点击查看"可报名"的活动，如图6-3所示。

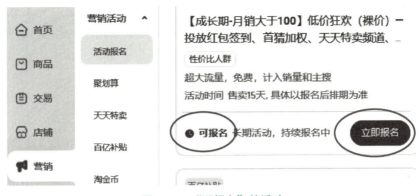

图 6-3　"可报名"的活动

（4）在"可报名"的活动中选择一个适合店铺类目的活动，点击"立即报名"。进入活动报名页面（如图 6-4 所示）之后，选择要报名的活动，仔细查看报名要求及活动时间。

图 6-4　活动报名页面

（5）店铺符合活动规则，点击"去报名"按钮后跳转到活动协议签署页面。仔细查看协议条款，然后勾选"我同意并签署以上协议"，点击"下一步"。

（6）填写基本信息，选择要报名的商品，进入商品信息设置页面，认真填写商品促销相关信息，进行玩法设置。全部填写完后，点击"提交全部商品"，报名完成。

（7）完成报名后可点击"已报活动"查看报名的活动。确定审核通过后，可进行活动设置，在商品页面会显示该商品正参加的活动。

◎ 同步实训

任务描述

小明计划参加营销活动，请你帮他确定活动产品价格、数量等信息。

产品	图片	型号	成本（元/台）	库存（台）
LED 护眼灯		F150	80	1 200

续表

产品	图片	型号	成本（元/台）	库存（台）
儿童卡通灯		F151	70	520
LED 夹子灯		F152	45	851
充电台灯		F153	352	268

操作指南

产品	型号	是否参加活动	参加活动的理由	活动价格	是否有其他优惠	报名数量	预测销量

任务评价

评价内容	分值	评价		
		自我评价	小组评价	教师评价
活动计划合理	10			
活动价格设置合理	30			
报名数量设置合理	15			
参加活动商品选择正确	30			
参加活动的理由充分	15			
合计	100			

▶ 任务二　天天特卖活动

任务导入

小营了解到天天特卖是淘宝扶持一些中小卖家的一项免费活动，可为店铺带来更多的流量和更高的转化率。小营计划参加天天特卖活动，他制定了以下任务单（见表6－2）。

表6－2　任务单

岗位	工作项目	具体要求	完成时限	验收
运营	活动策划	负责天天特卖活动的整体规划	2课时	
美工	图片制作	制作白底主图及活动海报图	2课时	
客服	客户接待	制作快捷短语，接待客户	2课时	
推广	活动报名	根据运营的活动策划报名参加活动	2课时	
验收人				

知识探究

天天特卖活动的扶持对象为淘宝网集市店铺（只招商集市商家），对处于起步以及初级阶段的卖家而言，能够避开强有力的竞争对手。有季节性、品质优良、有特色和性价比高的商品有更多的机会展现在买家面前。

一、天天特卖活动的类型

1. 爆款商品推荐

爆款商品推荐可以根据店铺所经营的类目报名对应的活动类型。如图 6-5 所示，杯子属于餐饮具，点击下拉框选择餐饮具类目，可以找到所有和餐饮具相关的天天特卖活动。

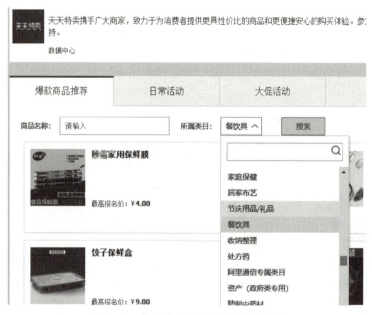

图 6-5　爆款商品推荐活动报名页面

2. 日常活动

在日常活动报名页面可以选择报名不同的频道活动，比如限时秒杀、超级卖家、低价狂欢、品牌折扣等，如图 6-6 所示。

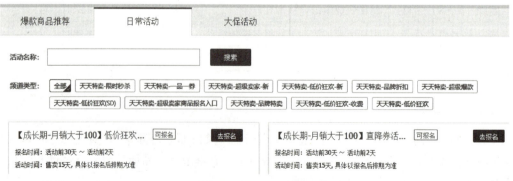

图 6-6　日常活动报名页面

3. 大促活动

大促活动主要与淘宝网官方大促相对应，比如官方大促有"淘宝年货节""淘宝618""淘宝11·11"，天天特卖有"天天特卖-年货节大促""天天特卖618大促""天天特卖-11·11大促"等，如图6-7所示。

图 6-7 大促活动报名页面

爆款商品推荐是天天特卖-定品招商日常活动，大促活动是在天天特卖常规活动的基础上不定期开设的特色活动。爆款商品推荐、日常活动和大促活动申报的活动方式不同，在天天特卖的展示位置也不同。

二、天天特卖活动招商规则

卖家可以登录天天特卖活动报名页面查看天天特卖活动的报名要求，进入淘宝商家营销活动中心，点击营销平台业务规则中的"天天特卖"即可查看天天特卖招商规则，如图6-8所示。

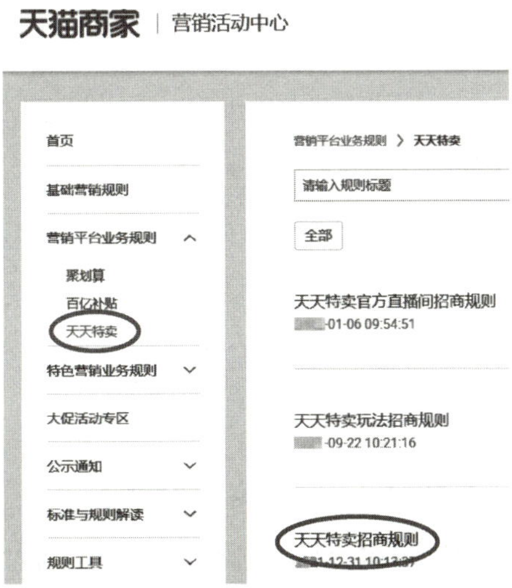

图 6-8 查看天天特卖招商规则

德技并修·诚信经营

诚信经营，勿价格欺诈

某区价格监管部门接到消费者举报，举报人称其在某网上图书专营店以"特价"购得一套图书，商品标称"原价696元"，但网店实际没有该价格的成交记录。举报人认为该网店涉嫌价格欺诈，要求价格监管部门依法做出处理。

在价格监管部门调查过程中，网店申辩称在该图书出版时曾以定价696元对外出售。价格监管部门通过政企协同平台向该网店所在的平台公司调查了解了图书上架、销售情况及历史价格。经核实，该图书在促销活动前七日内无销售记录，最近一笔交易日期距今近两年，价格为65元。最终，价格监管部门认定该网店构成利用虚假的或者使人误解的价格手段诱骗消费者与其进行交易的价格违法行为，依法做出了行政处罚。

律师分析：

在商家众多促销手段中，"特价""大减价""跳楼价"等价格优惠宣传语无疑是吸引消费者眼球的撒手锏。其中当然有不少商家是诚意满满地"把价格打下来"，但也不乏个别商家"口惠而实不至"，如上述案例的情况，"利用虚假的或者使人误解的价格手段诱骗消费者与其进行交易"，这就构成了法律所明确禁止的价格欺诈行为。

任务实施

一、天天特卖爆款商品推荐报名流程

（1）登录淘宝账号，进入卖家中心，点击"营销"—"营销活动"—"天天特卖"，如图6-9所示，点击进入。

图6-9　天天特卖活动报名入口

（2）进入"爆款商品推荐"报名页面，选择好本店商品对应的类目，单击"快速报名"，如图6-10所示。

（3）进入"商家报名"页面，了解活动详情，如图6-11所示。

图 6-10 "爆款商品推荐"报名

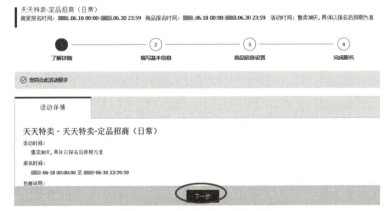

图 6-11 了解活动详情页面

（4）点击"下一步"，填写基本信息，选择报名活动的商品和活动时间，如图 6-12 所示。

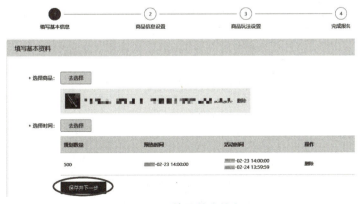

图 6-12 填写基本信息

（5）点击"保存并下一步"，填写商品价格、商品数量、商品信息、商品信息素材及低价狂欢信息。

（6）点击"提交"，即可提示提交状态，如图 6-13 所示，提示提交成功。

图 6-13　提示提交成功

二、系统审核排序

1. 查看活动进度

报名成功后，在活动开始前系统将会发送消息通知审核结果。如果没有收到系统发来的消息，则可以在已报名活动页面查看活动进度。如图 6-14 所示。

图 6-14　查看活动进度

2. 综合评分

系统根据商品、店铺等综合评分维度进行评分排序。

3. 系统通知

若有图片、授权等不合格的情况，系统会在报名后进行通知。卖家接到通知后，可修改后重新选择日期报名。

4. 审核未通过

审核未通过的，卖家可在收到未通过消息后重新选择合适的商品报名。

⊚ 同步实训

任务描述

小明计划在国庆节前参加天天特卖活动，请你为他策划一下天天特卖活动报名计划，根据店铺产品类目，确定活动价格、商品数量、赠品等信息。

产品	图片	型号	成本价（元/台）	库存（台）
豆豆苗 LED 台灯		F123	50	450
折叠 LED 护眼台灯		F125	62	550
留言板台灯		F126	78	650
光宠台灯		F124	49	763

操作指南

产品	型号	是否参加活动	参加活动的理由	活动价格	是否有其他优惠	报名数量	预测销量

任务评价

评价内容	分值	评价		
		自我评价	小组评价	教师评价
活动计划合理	10			
活动价格设置合理	30			
报名数量设置合理	15			
参加活动的理由充分	30			
销量预测合理	15			
合计	100			

情境总结

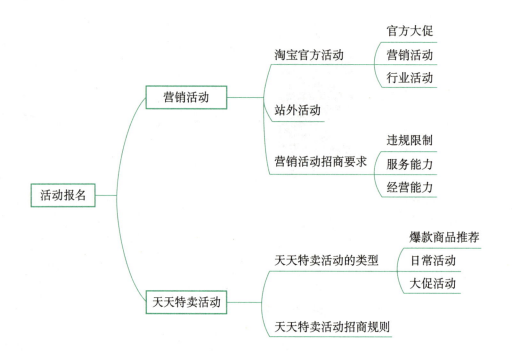

基础训练

"双十一"活动策划

一、实训任务

策划"双十一"活动，策划内容包括制定活动销售目标及分解目标、团队分工、活动推广费用预算、活动前后期具体工作安排等，要求按照库存表进行策划安排。

产品	图片	型号	颜色	成本价（元/台）	库存（台）	活动价格（元/台）
带闹钟护眼灯		H132	粉色　蓝色	75	5 400	139
儿童卡通灯		H131	粉色　蓝色	68	3 500	139
卡通护眼灯		H130	绿色　黄色	56	1 500	118
折叠 LED 护眼灯		H133	黄色　白色	99	3 500	199

二、任务实施

1. 制定活动销售目标及分解目标

（1）销售目标：

_____

_____

（2）制定该销售目标以及活动价格的理由：

_____

_____

_____

（3）销售目标分解表：

11 月	11 日	12 日	13 日	14 日	15 日	16 日	17 日
分解目标 （万元）							

（4）销售目标分解的理由：

_____

_____

2. 团队分工

（1）计划安排的岗位及理由：

_____

_____

（2）各岗位职责及人员分配：

_____

_____

3. 活动推广费用预算

活动推广项目	预算费用

4. 活动前后期具体工作安排

岗位	工作项目	具体工作内容	负责人	要求完成时间	完成情况

三、任务评价

评价内容	分值	评价		
		自我评价	小组评价	教师评价
制定活动销售目标理由充分	10			
销售目标分解及活动价格合理	20			

续表

评价内容	分值	评价		
		自我评价	小组评价	教师评价
团队分工合理	30			
活动推广费用预算合理	20			
活动前后期具体工作安排合理、明确	20			
合计	100			

⭐ 拓展训练

　　请你从官方活动要求、店铺运营情况、团队分工、推广预算等方面为自己的店铺进行活动策划。

💻 在线资源

拓展学习

关键词点击

互动练习

无线运营

■ 情境介绍 ▮▮

　　小营的店铺已经正常运营了一段时间，逐渐步入正轨。他了解到，目前淘宝无线端的流量占到了总流量的 7 成左右，所以计划重点在无线端对店铺进行运营。小营首先需要知道无线端的运营工具，了解每个工具的使用要点和方法，才能针对自己店铺的具体情况，使用无线端工具进行运营推广。

■ 学习目标 ▮▮

● **知识目标**

1. 了解淘宝达人的基本知识以及商家与达人合作的相关知识。
2. 了解短视频在店铺运营中的作用。
3. 了解发布关注内容的相关知识。
4. 了解微海报、码上淘、淘口令和淘宝群聊的相关知识。

● **技能目标**

1. 能够熟练地在热浪引擎发布任务。
2. 能够在无线端详情页中发布视频。
3. 能够发布关注帖子。
4. 能够运用微海报、码上淘、淘口令和淘宝群聊进行推广运营。

● **素养目标**

1. 突破陈规、大胆探索、敢于创造，弘扬以改革创新为核心的时代精神。
2. 培养合作意识及严谨认真、求真务实的科学精神。

▶ 任务一　淘宝达人

📹 任务导入

手淘首页的淘宝头条、有好货、必买清单、爱逛街等板块的流量越来越大，这方面的流量主要依靠淘宝达人的推荐，所以小营决定拿出店铺的主推款骑士魔法杯招募淘宝达人进行推广。他制定了以下任务单（见表7-1）。

表 7-1　任务单

岗位	工作项目	具体要求	完成时限	验收
运营	撰写任务要求	具体描述任务要求	2课时	
美工	主推商品图处理	为骑士魔法杯制作无 Logo、无水印、无文字的高清白底图和场景图	2课时	
客服	归纳商品使用场景和消费人群	归纳骑士魔法杯的使用场景及消费人群	2课时	
推广	发布任务	在热浪引擎发布一条任务	2课时	
验收人				

◎ 知识探究

在淘宝网首页，尤其是手淘首页，会看到淘宝头条、有好货、必买清单、爱逛街等板块，如图7-1所示。商品只有通过淘宝达人的推荐，才能被放到这些板块中。

一、什么是淘宝达人

淘宝达人（以下简称达人）是淘宝网上对相关领域有专业认识的、乐于购物又乐于分享的一群人，他们可以帮助客户选择更优质的产品。

二、达人与淘宝客的区别

淘宝客是把商品链接发到网站、微信群，他人点击链接形成购买后获得一定比例的佣金；而达人是通过官方渠道把商品以图文的形式推荐发送到淘宝网的官方渠道进行展现，是按照任务收费的。

达人的商品发布渠道比淘宝客更官方，流量也更大，对店铺有加权作用。

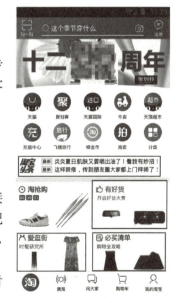

图 7-1　手淘首页

三、达人推广的展示渠道

达人推广的展示渠道主要有淘宝头条、有好货、必买清单、超实惠、天猫必逛、特色好货、热门市场、淘宝直播、我要日报、生活研究所、每日好店、猜你喜欢等。

微课：商家如何
与达人合作

四、商家如何与达人合作

没有达人资源怎么办？可以通过热浪引擎寻找达人，从而进行新品测评、尖货推广、品牌活动直播、营销活动造势等。热浪引擎（https：//hot. taobao.com）是商家和达人合作的纽带。

1. 商家入驻热浪引擎

（1）用卖家主账号登录热浪引擎，点击"立即入驻"，如图7-2所示。

图7-2　登录热浪引擎

（2）选择"我是需求方"，如图7-3所示。

图7-3　选择身份

热浪引擎平台有商家和达人两种身份，若一个账号既是商家账号，又是达人账号，在热浪引擎只能选择其中一个身份，且之后都不可更改。

多个身份的账号入驻热浪引擎有以下两种情形：

情形1：在入驻热浪引擎的时候，选择了"服务方"身份，就意味着在热浪引擎上只能为商家提供服务，是收款方。

情形2：在入驻热浪引擎的时候，选择了"需求方"身份，就意味着在热浪引擎上只能付费给达人购买服务，是付款方。

（3）填写商家账号信息，点击"确定"，如图7-4所示，这样就完成了商家注册。

图7-4　填写账号信息

2. 如何在热浪引擎平台找到达人合作

达人合作类型有：直播推广、图文 & 短视频推广，如图7-5所示。商家可根据自己的需要选择合作类型。

（1）直播推广。

直播推广有3种类型：主播广场、招商活动、官方活动。

在主播广场，商家根据自身需求寻找合适的主播。

通过招商活动主播定向招商，流程是：商家报名—主播选品—商家付款—主播直播。

官方活动是淘宝官方发起的多个渠道的活动，商家可以根据活动的条件选择参加。

（2）图文 & 短视频推广。

通过浏览逛逛、有好货、ifashion、极有家等展示渠道找达人，如果发现不错的达人，可以添加候选，最后筛选出优质达人。如图7-6所示。

图7-5　达人合作类型

图 7-6　图文 & 短视频推广

3. 如何查看、评估任务效果

当达人接受商家任务后，商家可以点击"合作数据"，查看达人的任务完成情况，如图 7-7 所示。

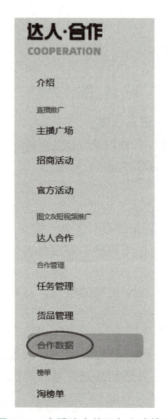

图 7-7　查看达人的任务完成情况

📖 任务实施

一、归纳骑士魔法杯的使用场景及消费人群

根据骑士魔法杯的特点——有提带，便携，以及有分体杯，可以储存茶叶、花茶、药等，推断其比较适合白领或学生外出旅游、运动或上课时使用。

二、制作骑士魔法杯白底图和场景图

为骑士魔法杯制作无 Logo、无水印、无文字的高清白底图和场景图供达人使用。

三、任务描述

（1）店铺主营：玻璃杯和保温杯，风格以简约、运动风为主。

（2）产品简介：有提带，便携；有分体杯，可以储存茶叶、花茶、药等，特别适合白领或学生外出旅游、运动或上课时使用。

（3）内容类型：帖子。以分享心得感受为主，也可用另类的文案带起粉丝讨论、分享，内容丰富有趣、图文结合，传播品牌文化及产品。

（4）可提供素材：图片、视频。

（5）利益点：店铺 5 元红包。

（6）完成时间：5 月 30 日。

（7）帖子审核要求：写好的帖子需要由我方审核通过后再发布，并且在发布时间前提交，防止因修改延误发布时间。

（8）联系方式：旺旺号"建斌商城"；备注"热浪引擎"。

四、在热浪引擎寻找合适达人合作

（1）用卖家主账号登录热浪引擎，点击"达人合作"，如图 7-8 所示，根据各项指标筛选合适的达人。

（2）找到合适的达人后点击"立即合作"，如图 7-9 所示。

（3）填写合作需求，如图 7-10 所示，然后点击"马上下"并付款。

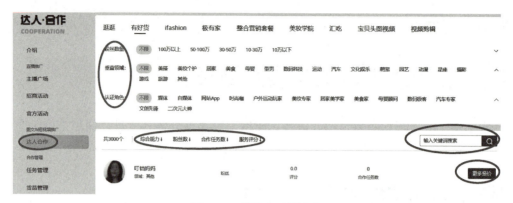

图7-8 筛选合适的达人

有好货 推广套餐

服务价格	¥ **100.00**	0
内容类型	图文市场·图文制作与推广服务	已售出
服务承诺	24小时响应	

选择方案　　有好货套餐优惠

数量　　−　1　+

立即合作

图7-9 点击"立即合作"

填写合作需求　先人一步，早预约早抢占哦～

为了方便任务的执行，请您尽量详细填写任务需求

*需求名称：　请输入需求名称

需求名称将显示在后台，简单易分辨最重要啦～

*最晚交付时间：　请选择日期

当前选择的方案，创作者需要至少1天的创作时间，如果有紧急需求，请和创作者协商之后下单

*合作宝贝：

＋
添加宝贝

您拍下的服务最多支持添加1个宝贝

合作细节：　请尽可能详细地表达你的合作需求，最少10个字

*联系方式：　请输入联系方式

请填写手机号码，方便创作者随时与您联系

合计金额：¥100

马上下

图7-10 填写合作需求

同步实训

任务描述

小明决定拿出店铺的主推款台灯找淘宝达人进行推广，请你帮他填写热浪引擎淘宝头条的任务要求。

操作指南

请根据任务要求，填写以下表格。

需求名称	
最晚交付时间	
合作宝贝	
合作细节	
联系方式	

任务评价

评价内容	分值	评价		
		自我评价	小组评价	教师评价
需求名称填写正确	20			
最晚交付时间填写正确	10			
合作宝贝选择合理	20			
合作细节描述合理	40			
联系方式填写正确	10			
合计	100			

▶ 任务二　短视频

任务导入

短视频除了可以进行产品及其使用方法的展示外，还能够在与消费者互动等层面提供更多玩法，为店铺带来更多流量。小营决定开通短视频功能，为店铺的主推款骑士魔法杯进行短视频营销。他制定了以下任务单（见表7-2）。

表7-2　任务单

岗位	工作项目	具体要求	完成时限	验收
运营	制定短视频的制作要求	为骑士魔法杯制定详情页的短视频制作要求，提供给美工进行视频拍摄	2课时	
美工	拍摄并上传短视频	根据运营给出的拍摄方案进行短视频拍摄并上传	2课时	
客服	提供商品评价里买家关心的问题	为运营提供骑士魔法杯评价里买家关心的问题	2课时	
推广	订购短视频服务	到淘宝服务市场订购短视频服务	2课时	
验收人				

◎ 知识探究

目前，阿里电商绝大部分交易都通过无线端完成，使用手机 App 访问淘宝网、天猫商城的用户已远远超过使用电脑的用户。在淘宝上网购时，在店铺首页、商品首图、商品详情页、关注等地方都可以看到越来越多的视频。随着淘宝全面开放短视频，视频化营销成为未来淘系商家宣传的一个大趋势，会有越来越多的品牌利用短视频展示商品。

微课：添加短视频

一、视频营销

视频营销指的是企业将视频短片以各种形式放到互联网上，达到一定宣传目的的营销手段。

二、短视频的作用及优势

短视频具有鲜明的导购性，是更直观的促销方式，商家可以更全面地展示产品细节或阐述产品的功能，可以让买家更快捷地了解产品、店铺或品牌等信息，从而增加买家平均停留时间，降低跳失率。

短视频能多角度形象生动地展示商家的产品，相对于图文展现，其形式更新颖，方式更简单，内容更广泛，辅助转化能力更强，可以使买家获得更直观的视觉感受，从而提高转化率。某商家加短视频前后的商品成交转化率对比如图7-11所示。

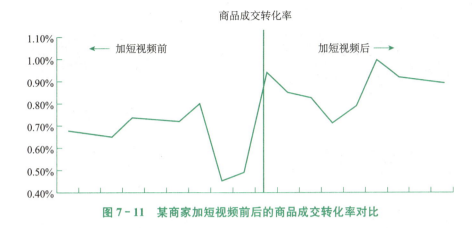

图 7-11 某商家加短视频前后的商品成交转化率对比

三、短视频的投放位置

短视频目前可以在关注（如图 7-12 所示）、店铺首页（如图 7-13 所示）及详情页（如图 7-14 所示）进行投放。短视频投放的位置不同，对短视频的时长要求会略有不同。

图 7-12 关注中的短视频

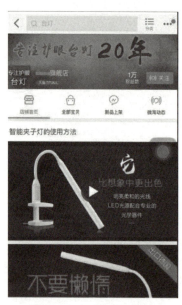

图 7 - 13　店铺首页短视频

图 7 - 14　详情页短视频

四、短视频的内容

　　店铺首页的短视频内容，主要是对品牌或店铺的整体展示，以增强买家购买的信心。场景切换不宜过多，尽量只表达一个主题，视频时长在 2 分钟以内为宜。

　　详情页的短视频内容，如果是数码、电器这类功能性较强的产品，可以进行产品功能介绍，突出产品功能；如果是服装、家具、百货、零食等功能性一般的产品，可以全方位展示产品细节，突出性价比等。视频时长在 1 分钟以内为宜，要突出 1～2 个卖点或评价里买家的关注点。例如，反向伞详情页短视频（如图 7 - 15 所示），突出了反向伞收伞方便的特点。

图 7 - 15　反向伞详情页短视频

　　关注中的短视频内容，注重商家与买家的交流，灵活性比较强。视频时长控制在 3 分钟以内为宜。

淘宝 "6·18" 居然 "玩虚的"! 搭上元宇宙，能让人放心买?

作为国内两大购物狂欢节之一，今年 "6·18" 部分电商平台已经在发放优惠券。除了既定的优惠券，平台还推出了一些极具互动性的玩法，吸引消费者驻足体验。

Tech 星球从淘宝内部人士处获悉，为了备战今年 "6·18"，淘宝很早之前就成立了元宇宙项目组，打造了一个虚拟会场，今年 "6·18" 期间部分淘宝用户将能够体验元宇宙购物。

淘宝内部人士透露，元宇宙购物构建出了一处场景，有摩天大楼、街道、绿树植被等，近处还有悬空透明信息面板，用于显示商品的各种信息。用户可以通过手机的重力感应或触控操作，与虚拟世界进行交互。

在虚拟购物领域，其实淘宝有不少经验。早在 2016 年，淘宝就推出了 VR 购物 Buy+计划，利用图形系统和辅助传感器，生成三维虚拟购物环境，用户可以直接与虚拟世界中的人或物进行交互。

从营销角度来看，平台噱头越来越多，那么淘宝还需要元宇宙这种噱头吗? 答案是肯定的，原因有二：一是酒香也怕巷子深，广告做得越漂亮，就越能够吸引消费者；二是淘宝早已开启元宇宙购物项目，迟早要上线，正好利用这个机会，吸引用户眼球的同时，也能测试一下。

资料来源：雷科技. 淘宝 "6·18" 居然 "玩虚的"! 搭上元宇宙，能让人放心买?. (2022-05-25)[2023-06-01]. https：//www.baijiahao.baidu.com/s? id=1733794798545435631&wfr=spider&for=pc.

▣ 任务实施

一、收集骑士魔法杯评价里买家关心的问题

小服通过收集买家评价（如图 7-16 所示）得出：买家最喜欢分体杯的设计，可以放茶叶等。

二、制定骑士魔法杯详情页的短视频拍摄方案

小营根据小服给出的买家关心的问题，再结合商品的卖点，制定出短视频拍摄方案：先进行杯子的整体展示和分体展示，接着突出杯子的储物和水杯功能。

三、将制作好的短视频上传到骑士魔法杯的无线详情页中

（1）在淘宝旺铺管理页面的 "素材中心" 点击 "素材"，选择 "无线视频" 或 "PC视频"，点击 "免费开启"，开启完成后再点击 "上传"，如图 7-17 所示。

水杯收到 杯子优点 外观漂亮 做工细致 杯口密封非常好 下方可以放茶叶 很方便 个人觉得缺点也有 杯子 隔热不好 热水会烫手 着急的喝不了 杯底 是橡胶的圆形防护圈 个人觉得可以改善 用更好的材料或者方法 杯子能装一杯多水 办公室用非常合适 总体 个人非常满意

02.24

东西很快就收到了，因为是帮我哥买的。他觉得很满意，底部的杯子可以放置茶叶。 每次出去可以自己带茶叶了。方便又实惠的价格。喜欢。....6666

03.13

杯子非常满意 同事看见了也说要买 真的很不错 外观很大气 上档次 下面的小杯子储茶叶 很方便 以后不用整天带着茶叶盒子出门了

04.07

很不错！办公室和外出差都非常好，对喜欢喝茶的朋友来说太好了，储存罐可以放3包茶或15克茶叶，可以满足2－3天外出使用了。

04.11

收货当天追加：　　杯子确实很好，尤其是底部的设计，很便民，可以当杯子，也可以当储藏罐用，放点茶叶什么的相当不错！我试过了，不漏水，封闭很好！

图 7－16　买家评价情况

图 7－17　视频管理

（2）在上传视频页面，先看一下要上传的视频大小和格式是否符合上传文件的要求，再点击"上传"，如图7-18所示。

仅支持2gb以内wmv、avi、mpg、mpeg、3gp、mov、mp4、flv、f4v、m2t、mts、rmvb、vob、mkv格式文件上传

图7-18 查看视频文件是否符合要求

（3）如果文件大小和格式符合要求，会跳转到填写视频信息页面，填写视频标题及选择封面后，点击"确认"，如图7-19所示。

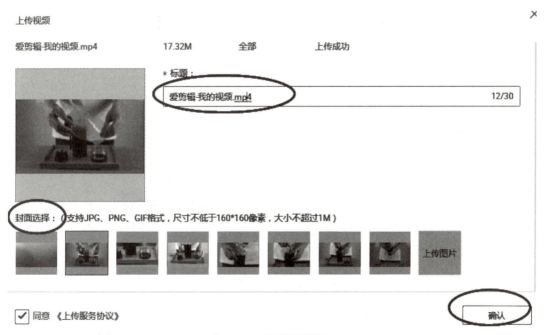

图7-19 填写视频信息

（4）上传完成后，点击"详情装修"，找到需要添加视频的商品，点击"图文详情"下的"编辑"，如图7-20所示。

（5）选择"基础模块"中的"视频"模块，拖动到商品详情中，点击"＋添加视频"，如图 7 - 21 所示；弹出"选择视频"窗口，选择要添加的视频后点击"确认"，如图 7 - 22 所示。

图 7 - 20　详情装修

图 7 - 21　添加视频

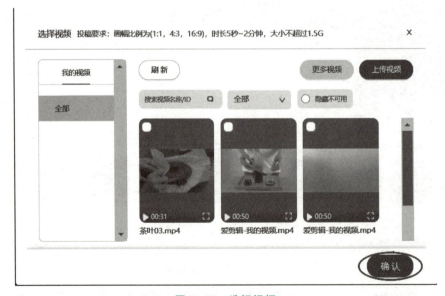

图 7 - 22　选择视频

（6）添加视频后的效果如图 7 - 23 所示。

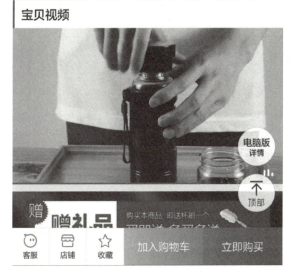

图 7 – 23　添加视频后的效果

◎ 同步实训

任务描述

小明顺应淘宝短视频发展趋势，打算制作主推款台灯的详情页短视频。请你根据提供的台灯详情及商品评价（见电子素材），为小明制定台灯的详情页短视频拍摄方案。

操作指南

（1）提炼商品卖点及买家关注点。

商品卖点 1	
商品卖点 2	
商品卖点 3	
商品卖点 4	
商品卖点 5	
买家关注点 1	
买家关注点 2	
买家关注点 3	
买家关注点 4	
买家关注点 5	

（2）台灯的详情页短视频拍摄方案。

_____

_____

_____

_____

_____

任务评价

评价内容	分值	评价		
		自我评价	小组评价	教师评价
提炼的商品卖点正确	20			
提炼的买家关注点合理	30			
拍摄方案要点合理	20			
拍摄方案条理清晰	30			
合计	100			

▶ 任务三　关注营销

任务导入

目前，手机端的流量在整个淘宝的流量中占了很大比例，而关注店铺的买家都是对产品感兴趣的客户，也就是潜在客户，因此，在手机端的关注中进行产品宣传或活动推广，可起到事半功倍的效果。小营打算做关注营销，当店铺有新产品上架或者进行营销活动时，利用关注将信息传播出去。为此，他制定了以下任务单（见表7-3）。

表7-3　任务单

岗位	工作项目	具体要求	完成时限	验收
运营	撰写关注内容	撰写关注标题与正文	2课时	
美工	设计宣传图片	设计宣传图片	2课时	
客服	熟悉产品信息	熟悉关注宣传的产品或者活动信息	2课时	
推广	发布关注帖子	编辑、发布帖子	2课时	
验收人				

知识探究

一、什么是关注

关注是手机淘宝的重要产品之一，其定位是基于移动消费领域的入口，在消费者生活细分领域，为其提供方便、快捷、省钱的手机购物服务。

关注的核心是回归以用户为中心的淘宝，而不是小二推荐、流量分配，每一个用户都有自己关注的账号、感兴趣的领域，通过关注的方式获取信息和服务，并且运营者、粉丝之间能够围绕账号产生互动。

二、买家关注查看入口

登录手机淘宝首页，点击手机淘宝顶部导航"关注"（如图 7-24 所示），即可查看买家关注的店铺发布的内容。

三、卖家关注发布入口

（1）使用电脑登录卖家中心，点击"内容"中的"内容创作"，如图 7-25 所示。

图 7-24　手机淘宝首页关注

7-25　点击"内容创作"

（2）进入内容创作页面，点击"关注运营"，点击"更多"，即可进入关注运营发布工具，如图 7-26 所示。

四、关注发布形式

淘宝网提供了两大类关注发布形式，供卖家选择使用。

1. 货品动态

货品动态主要为上新，上新是商家在关注中最主流的核心供给，也是消费者在关注

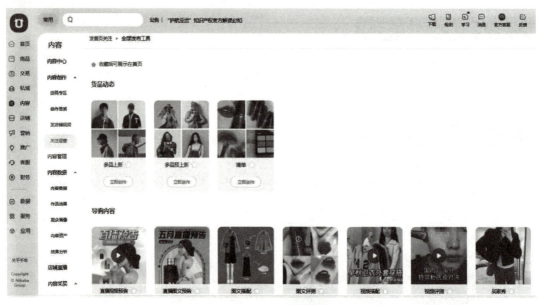

图 7－26　关注运营发布工具

中最爱看的内容。

商家上架新品后，可以通过上新发布，在关注里第一时间触达粉丝会员，实现新品流量冷启动。

关注为商家提供了 3 种上新能力，包含多品上新、多品预上新和清单。其中多品上新和多品预上新最多上新 9 个新品，清单为 3～9 个商品。

货品动态除了添加货品售卖之外，还可以添加互动，引导粉丝参与，提升粉丝活跃度，如投票、盖楼、评论抽奖等。

2. 导购内容

导购内容主要分为直播视频预告、直播图文预告、图文搭配、图文评测、视频搭配、视频测评、买家秀。

直播视频预告和直播图文预告主要是选择视频或图文方式预告直播，使用户可以在首页关注信息流预约直播。

图文搭配和图文评测均是高效导购内容类型。图文搭配通过短图文真实分享商品搭配方案，帮助粉丝建立货品认知，适合服饰、家装品类商家使用。图文评测通过短图文真实分享商品评测报告，帮助粉丝建立货品认知，适合大快消、消费电子品类商家使用。

视频搭配和视频测评是卖家对商品进行视觉效果包装之后的视频内容形式，通过真人出镜、实拍、真实场景试用等，表现商品的核心卖点。服饰、家具等商品适合通过多品搭配的方式发布短视频，家电、数码、彩妆、食品等商品适合通过测评的方式发布短视频。

买家秀是卖家后台自动汇聚来自评价、逛逛等渠道的真实买家内容，任卖家挑选，卖家也可以使用征集工具向买家自主招募内容。

五、关注内容发布规则

商家发布关注内容需要遵守相关要求，其中明令禁止发布的内容如下：

（1）禁止发布违背现行法律法规、危害国家及社会安全的信息。

（2）禁止发布淫秽色情信息。

（3）禁止发布不实信息。

（4）禁止发布垃圾广告。

（5）禁止发布不适合在阿里创作平台推广的信息。

（6）禁止发布泄露他人隐私信息的内容。

（7）禁止发布侵犯他人版权、肖像权、知识产权的内容。

（8）禁止在内容中对他人进行诽谤、侮辱、人身攻击。

📖 任务实施

一、撰写关注标题与正文

以知识普及的形式，发布一个有关正确喝水知识的关注帖子，在帖子中以图文混排的形式，对店铺的水杯主图进行展示，并能链接到相应的产品页面。帖子文字内容如下：

正标题：每天喝八杯水的正确时间你知道吗？

副标题：养成健康的喝水习惯

正文：

第一杯水：上午七点钟

早上起床后是不是觉得昏昏沉沉没睡醒呢？别急着吃早餐！先来杯淡盐水清理一下肠道，最后别忘了吃早餐哦！

第二杯水：上午九点钟

上午开始一天的工作时，别忘了喝杯水，它可以让你精神焕发，提高工作效率哦！

第三杯水：中午十一点半

辛苦工作了一上午，马上就到午餐时间了，吃午饭之前记得喝杯水，避免因为空腹而引起暴食哦！

第四杯水：下午一点

午餐很重要，但是也要适量，如果吃得太饱会给肠胃造成负担，所以要记得在饭后20分钟喝杯水，促进消化。

第五杯水：下午三点半

下午茶时间记得喝杯咖啡或者喝杯水，振奋精神哦！

第六杯水：下午五点半

一天的工作结束了，下班之前记得喝杯温开水，缓解工作带来的疲劳哦！

第七杯水：晚上七点钟

这个时间段正是代谢的高峰期，记得喝杯温开水，促进身体排毒。

第八杯水：晚上八点十五分

睡前两个小时之内喝杯水，可以预防血液黏稠，正处于月经期的女士可以选择喝两杯水。

二、设计宣传图片

要求宣传图片中有产品主图、价格、标题、产品卖点，图片大小适合在图文消息中使用，能吸引客户点击。

三、编辑、发布关注帖子

（1）登录内容页面，在左侧"内容创作"中点击"关注运营"，再点击"图文搭配"下的"立即创作"，进入关注发布内容页面，如图 7-27 所示。标题、添加搭配图片和添加搭配描述是必填内容。

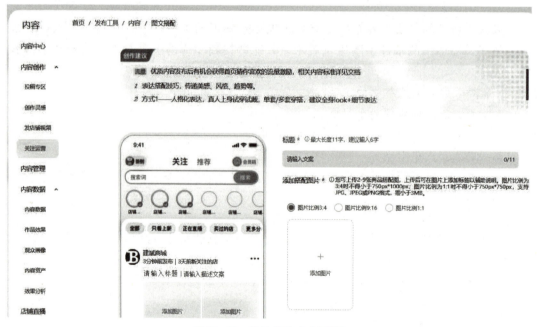

图 7-27　关注发布内容页面

（2）在添加搭配图片时可以设定标签文案并关联宝贝，方便有兴趣的买家购买，如图 7-28 所示，有助于提升该条关注内容的转化。

（3）选择立即发布或者定时发布，点击"发布内容"按钮，完成关注发布。如图 7-29所示。

（4）在"内容管理"中可以查看到刚刚发布成功的关注帖子，如图 7-30 所示。

图 7-28　设定标签文案并关联宝贝

图 7-29　选择发布时间

图 7-30　查看关注帖子

同步实训

任务描述

小明运营的台灯店，手机店铺已有了一定数量的粉丝，他计划针对本店铺现有的粉

丝进行一次推广活动。推广活动主要内容为：买台灯，满 199 减 20。请你帮助小明撰写一个关注帖子，设计一张宣传海报。

操作指南

（1）分析推广活动内容，确定宣传方案。

_____

_____

_____

_____

（2）撰写关注帖子标题及正文。

_____

_____

_____

_____

_____

（3）设计宣传海报。

任务评价

评价内容	分值	评价		
		自我评价	小组评价	教师评价
宣传方案合理易操作	20			
帖子标题具有吸引力	30			
帖子正文内容可读性强	30			
宣传海报效果好	20			
合计	100			

▶ 任务四 其他营销

📹 任务导入

淘宝网为卖家提供了多种无线端的营销工具，方便卖家选择使用。在无线端运营店铺时，常用的营销工具主要有微海报、码上淘、淘口令、淘宝群聊，小营打算利用这四种工具进行宣传推广。他制定了以下任务单（见表 7-4）。

表7-4 任务单

岗位	工作项目	具体要求	完成时限	验收
运营	营销工具选择	分析店铺的运营目标,根据不同的需要选择合适的营销工具	2课时	
美工	设计活动图片	结合运营的营销计划,设计活动图片	2课时	
客服	熟悉活动方案	了解活动方案,熟悉产品细节、价格等	2课时	
推广	发布宣传活动	对宣传活动进行推广扩散,让更多买家知道	2课时	
验收人				

知识探究

一、微海报

微海报是由淘宝旺铺官方推出的,解决卖家在淘宝网以外进行无线引流难题的 H5 海报工具。卖家使用该工具生成微海报后,可在微博、微信朋友圈、豆瓣等直接分享和传播。点击微海报可直达店铺、商品、活动,实现真正的无线引流,并且能对引流数据进行监控。

微海报的特点:传播高效,制作简单,超强 H5 制作器,流量客观,引导购买。

微海报是在移动端传播的一种海报,其效果图如图 7-31 所示。

微课:其他营销

图 7-31 微海报效果图

二、码上淘

码上淘是以二维码为核心协助企业进行推广促销的平台，企业、商家可以通过此平台创建营销活动、制定活动规则，该平台根据营销活动的类型提供抽奖、签到、互动游戏、会员管理等服务。码上淘广泛适用于天猫、淘宝商家，其以二维码为纽带，融合移动互联网、自动识别技术，精准投放，用电子化手段促进和帮助企业与商家实现精准营销。

码上淘包括两个功能模块：码下载和码上淘宝。码下载就是扫描二维码下载东西。码上淘宝复杂一点，通过扫码可以看到商品的价格、溯源信息（产地、生产过程、包装材质等）、防伪信息等，一般是一个商品对应一个二维码。

码上淘效果图如图 7-32 所示。

图 7-32　码上淘效果图

三、淘口令

在千牛移动版应用里，淘口令的发送方在手机淘宝的商品、活动页面复制信息，打开微信等即时通信工具以后就可直接粘贴。淘口令可以实现宝贝直达、店铺直达，是一种无线引流的新方式，其易于传播，买家操作路径更短，可以促进成交转化，让店铺、商家、活动的曝光更直接。

四、淘宝群聊

1. 什么是群聊

群聊是无线时代的店铺粉丝运营利器，能帮助卖家与买家在手机淘宝上进行实时交流，并为卖家提供多种群内权益工具（如群红包、抽奖、投票、拼团等），从而提高购买转化率，还可以使卖家更好地进行私域运营，降低老客召回成本。

**图 7-33　创建群聊
二维码**

2. 创建群聊

创建群聊有以下三种方式：

（1）店铺主账号登录手机淘宝客户端首页，点击左上角扫码，扫描二维码（见图 7-33）建群。

（2）店铺主账号登录手机淘宝客户端首页，点击右上角消息，点击"＋"号，选择创建群。

（3）店铺主账号登录千牛卖家中心，找到用户模块下的社群运营（见图 7-34），点击淘宝群，进入淘宝群运营平台（见图 7-35），然后点击群组管理模块下的创建新群组（见图 7-36），选择要创建的新群组。

图 7 - 34　点击"用户"—"社群运营"

图 7 - 35　淘宝群运营平台

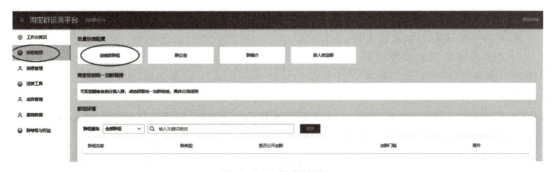

图 7 - 36　创建新群组

五、微海报、码上淘、淘口令的选择

当有多个产品需要在微信等 App 中进行宣传时，可以选择微海报。淘宝网提供了多种模板可供选择，方便运营人员设计出精美的微海报。

码上淘适合在线下通过扫码方式，对产品或店铺进行宣传。商家可以将产品信息生成二维码，放在商品包装、物流包裹、宣传彩页、门店海报上供买家扫码查看。商家也可在淘宝旺铺完成店铺装修、详情装修发布成功后，选择使用对应的二维码。

淘口令适合在手机中简单便捷地分享产品，可以直达产品信息、店铺首页，易于分享推广。

德技并修·创新意识

广东汕头金灶新农人：种下"黄金果"闯出致富路

盛夏时节，正是百香果飘香的日子。广东省汕头市潮阳区金灶镇灶内村一大片百香果园果香四溢，果园的主人陈燕鹏弯着腰穿行在园子里，采摘着一粒粒黄金百香果，这些黄澄澄的果实每天销往本地及珠三角地区，供不应求。从退伍后开网店创下惊人业绩，到回乡"二次创业"，陈燕鹏在探索中创新，勇当乡村振兴带头人，走出一条"互联网＋生态农业"的致富之路。

"黄金百香果7月初就进入采摘期，可以一直采摘到年底。"陈燕鹏告诉记者，这片果园约200亩，通过原生态种植，把好品质关，果子香甜多汁，市场反响不错，这段时间每天能采摘400多千克，全部通过电商渠道销售出去。

看到藤枝上挂满黄金百香果，陈燕鹏露出了阳光般的笑容。其实，这已经是陈燕鹏"二次创业"。10年前，他退伍后，就干起了电商，在网上销售咸菜、橄榄菜等潮汕名优农特产品。刚开始，他自己包揽客服、摄影、美工、采购、打包等所有工作，其中的艰辛可想而知，但他并不气馁，经过不断摸索，团队不断壮大，年营业额超1 000万元。

眼看网店进入快速发展轨道，陈燕鹏却把眼光投向了家乡金灶镇。他认为，农村是一片大有可为的天地，于是决定把家乡荒废的农地利用起来，依托原有的电商团队及资源，发展"互联网＋生态农业"。为此，陈燕鹏不惜变卖掉市区好地段的一套商品房，以此换得"二次创业"的资金支撑。

2016年底，回到家乡的陈燕鹏成立"潮阳区速农种养专业合作社"，以土地流转的方式，集中农田200亩、果园100多亩，经营种植杨梅、百香果等名优水果，并注册品牌商标，努力打造农产品特色品牌。

陈燕鹏通过"走出去"的方式到广西、海南、福建等地考察，学习百香果种植技术经验，对百香果的市场前景十分看好，并在金灶镇进行小面积试种。2018年底，试种获得成功后，他便在灶内村种下200亩的"黄金果"。深耕电商多年的陈燕鹏深知，品质是产品赢得市场的重中之重。他采用"原生态＋机械化"的现代种植模式，联合华南农业大学对基地管理进行技术指导，水肥自动滴灌，采取统一购种、统一农技措施、统一产品收购"三统一"的管控方式，不仅种出了好果子，还示范带动金灶镇果农走向标准化种植之路。

思政点拨:

党的二十大报告指出，坚持科技是第一生产力、人才是第一资源、创新是第一动力，深入实施科教兴国战略、人才强国战略、创新驱动发展战略，开辟发展新领域新赛道，不断塑造发展新动能新优势。

任务实施

任务一：店铺上架了几款新产品，小营需要使用微海报对新产品进行推广。

（1）登录微海报模板市场，点击"新品推广"，如图 7 - 37 所示。

图 7 - 37　微海报模板市场

（2）选择适合自己店铺的模板，点击"立即使用"，如图 7 - 38 所示。

图 7 - 38　选择微海报模板

（3）进入填写海报信息页面，修改海报页面中的商品图片、文字和链接等信息，如图 7-39 所示，完成后确认发布。

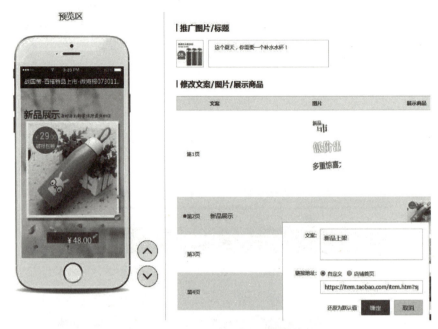

图 7-39　填写海报信息

（4）发布完成后，可将该海报进行分享传播，既可在淘系平台内部传播，也可在微信、微博、QQ 等平台分享，进行新产品的宣传，如图 7-40 所示。

图 7-40　分享微海报

任务二：店铺创建完淘宝群聊后，需要在群内引导用户进行交流互动，并进行客户维护、关系沉淀，增强用户黏性。

（1）欢迎用户入群，如图 7-41 所示。

（2）淘宝群聊客户维护，派发优惠券，如图 7-42 所示。

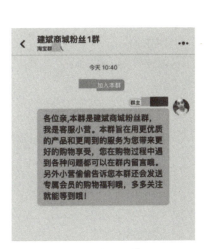

图 7-41　欢迎用户入群

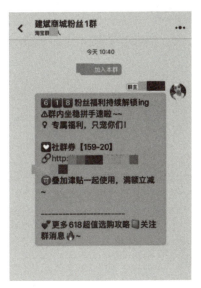

图 7-42　派发优惠券

任务三：店铺上架了一款新产品，小营计划使用微信、微博、QQ 等工具对新产品进行推广。

（1）登录千牛主页面，点击"营销中心"，如图 7-43 所示。

（2）进入"营销中心"，点击"淘口令"，如图 7-44 所示。

图 7-43　在千牛主页面点击"营销中心"

图 7-44　在营销中心点击"淘口令"

（3）进入"淘口令"页面，点击最下方的"新建"按钮。因为是第一次使用，不会出现其他内容，如图7-45所示。

（4）在出现的"淘口令"空白页面，开始配置"淘口令"，在"口令"二字旁输入口令内容"夏日补水利器"，如图7-46所示。

图7-45 新建淘口令

图7-46 输入口令内容

（5）完成口令内容输入之后，选择关联内容为"我的宝贝"，如图7-47所示。

（6）进入关联内容页面，选择所要推广的新品，如图7-48所示。

图7-47 选择关联内容"我的宝贝"

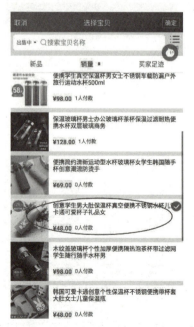

图7-48 选择口令关联商品

（7）设置口令起始时间和结束时间。全部设置好之后，点击"完成"按钮，如图7-49所示。

（8）出现"创建成功"页面，现在可以将淘口令分享给你的好友了，如图7-50所示。

图7-49　设置口令时间

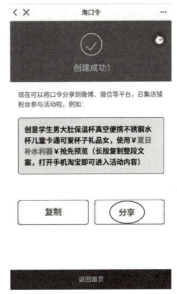

图7-50　分享淘口令

同步实训

任务描述

小明的淘宝店铺为迎接开学销售旺季的到来，新上架了几款产品。他计划使用微海报的形式，在微信朋友圈进行新产品的宣传。小明选择了一款家居类型的微海报模板，请你帮助他设计一个微海报，宣传店铺新上架的产品。

产品图如下所示。

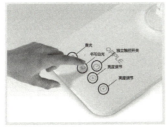

操作指南

请你根据小明选择的微海报模板，在预览区的右边填写台灯的相应信息。

预览区

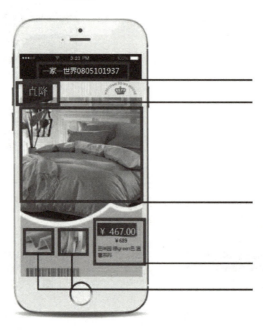

任务评价

评价内容	分值	评价		
		自我评价	小组评价	教师评价
标题新颖	20			
促销文字吸引眼球	20			
图片选择合理	20			
促销价格合理	20			
文案能引起共鸣	20			
合计	100			

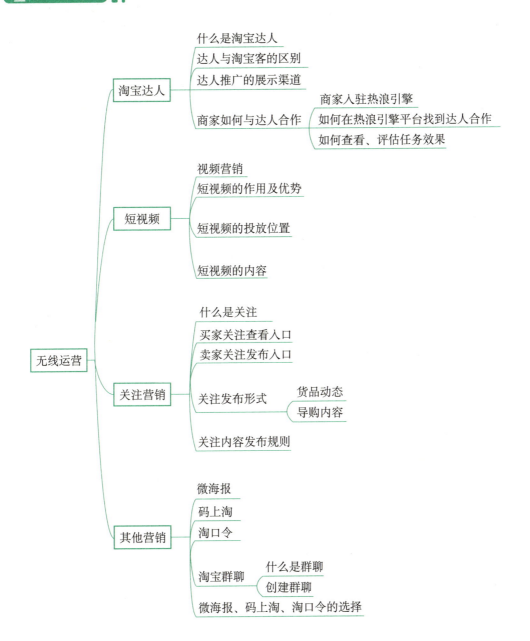

情境总结

```
                        什么是淘宝达人
                        达人与淘宝客的区别
              淘宝达人    达人推广的展示渠道
                                        商家入驻热浪引擎
                        商家如何与达人合作  如何在热浪引擎平台找到达人合作
                                        如何查看、评估任务效果

                        视频营销
                        短视频的作用及优势
              短视频      短视频的投放位置

                        短视频的内容

无线运营
                        什么是关注
                        买家关注查看入口
                        卖家关注发布入口
                                        货品动态
              关注营销    关注发布形式    导购内容

                        关注内容发布规则

                        微海报
                        码上淘
                        淘口令
              其他营销                  什么是群聊
                        淘宝群聊        创建群聊
                        微海报、码上淘、淘口令的选择
```

基础训练

制定网店无线端活动推广方案

一、实训任务

针对"双十一"活动，制定无线端活动推广方案。参加"双十一"活动的产品如下。

产品名称	图片	型号	颜色	成本价（元/台）	库存（台）	活动价格（元/台）
带闹钟护眼灯		F132	粉色　蓝色	75	5 400	139
儿童卡通灯		F131	粉色　蓝色	68	3 500	139
卡通护眼灯		F130	绿色　黄色	56	1 500	118
折叠 LED 护眼灯		F133	黄色　白色	99	3 500	199

二、任务实施

1."双十一"活动分析

活动名称	活动内容	目标流量

2. 无线端推广工具选择

无线端推广工具	推广渠道	是否采用	具体内容
淘宝达人			
关注			
微海报			
码上淘			
淘口令			
淘宝群聊			

3. 引流效果分析

无线端推广工具	推广效果	改进调整措施
淘宝达人		
关注		
微海报		
码上淘		
淘口令		
淘宝群聊		

三、任务评价

评价内容	分值	评价		
		自我评价	小组评价	教师评价
"双十一"推广活动目标设定合理	25			
无线端推广工具选择正确	25			
推广渠道选择合理	25			
推广效果明显	25			
合计	100			

📁⭐ **拓展训练** ▮▮

　　请你从淘宝达人、短视频、关注营销、其他营销等方面为自己的店铺制定一个无线推广计划。

🖥️》 **在线资源** ▮▮

拓展学习

关键词点击

互动练习

参考文献

［1］任小龙．淘宝天猫店铺运营实战．北京：人民邮电出版社，2020.

［2］淘宝大学．网店运营：提高版．北京：电子工业出版社，2018.

［3］韦余靖，王倩，张发凌．淘宝网店运营、管理一本就够．北京：人民邮电出版社，2021.

［4］六点木木．淘宝开店从新手到皇冠：开店＋装修＋推广＋运营一本通．3 版．北京：电子工业出版社，2020.